Printed in Great Britain
by Amazon

חֲנֹךְ לַנַּעַר עַל פִּי דַרְכּוֹ גַּם כִּי
יַזְקִין לֹא יָסוּר מִמֶּנָּה

(משלי כב ו)

תנינא להא דתנו רבנן: האב
חייב בבנו למולו, ולפדותו,
וללמדו תורה, ולהשיאו אשה,
וללמדו אומנות. ויש אומרים:
אף להשיטו במים. רבי יהודה
אומר: כל שאינו מלמד את
בנו אומנות, מלמדו ליסטות.
ליסטות סלקא דעתך? אלא,
כאילו מלמדו ליסטות.

(קידושין כט ע"א)

וְתִינוֹק לְלַמְדוֹ סֵפֶר

קטלא קניא

וועקער
מחשבה, דעות,
וויסנשאַפֿט און
טאָלעראַנץ

Published by Der Veker, New York, 2018
vekerjournal@gmail.com
Copyright © Katle Kanye, 2018

Layout and Design: Picasso Group
Illustrations: Kris Jones

אינהאַלט

הקדמה

הנה נא זקנתי, איך שרייב (און לעצטנס נישט) אַ בלאָג שוין אַ היפשע פּאָר יאָר, און במשך דער צייט פון מיין שרייבן איז די וועלט נישט שטיין געבליבן. ווען איך האָב אָנגעהויבן צו שרייבן איז מיין פאַמיליע געווען קלענער, איך יונגער, און די קינדער פיצלעך. אַזוי איז אויך געווען ביי מיינע און מיין פרוי'ס געשוויסטער און אונזערע פלומעניקעס און פלומעניצעס. ווען איך האָב מיך געפּאָרעט מיט מיינע קינדער האָבן זיי זיך געפּאָרעט מיט זייערע און עס איז מיר נישט אויסגעקומען זיך אומצוקוקן וואָס דאָ גייט פּאָר. איך בין געווען שטאַרק קריטיש אויף די תלמוד־תורה'ס און איך בין דערצו געווען בייז אויך. אָבער אַנשטאָט אָנצוכאַפּן די בייזקייט און קעמפן קעגן דער סיסטעם און מן־הסתם מיט ווייניג אַרויסקריכן האָב איך מיר געטון מיינס מיט מיינע קינדער און וויאַזוי עס איז געוואָרן איז געוואָרן. עס זענען געווען זמנים ווען איך האָב געגאַנשט מיין פּאַרציע עגמת־נפש און אין אַנדערע זמנים איז געווען נחת לרוב. ווי נאָר, האָב איך כאָטש דאָס צופרידנקייט אַז איך האָב מיך נישט אינגאַנצן געלאָזט.

יעצט אָבער אַז רוב פון די דעמאָלטדיגע קינדער האָבן שוין אַליין חתונה געהאַט און האָבן אייגענע קינדער קוק איך אָן די וועלט עטוואָס אַנדערש. די

אַ יונגעלייט און ווייבלעך זענען אויפגעוואַקסן אונטער מיינע פּיס, איך האָב זיי "געבעיביסיט", זיי זענען מיט אונז געקומען אויף וואַקאַציע, איך האָב מיך געפרייט אויף זייערע בר־מצוות און געטאַנצט אויף זייערע חתונות און אַצינד קוק איך זיך צו, ווי אַן אַלטער פעטער, ווי עס גייט דער הלוך ילך ביי זיי און זייערע קינדער. איך אָבזערוויר דעם קאָנטראַסט ווי פון איין זייט לעבן זיי כמעט אינגאַנצן אַ מאָדערן מערב׳דיג לעבן און פון דער צווייטער זייט ציען זיי אויף זייערע זין אויף אינגאַנצן אַ פּאַרצייטישן שטייגער. די אינגלעך גייען אַלע אין חדרים וואו דער שטאַב איז פון נישט־באַהאַוונטע מלמדים און לערערס, אָרעמע לערן־פּראָגראַמען ביי לימודי־קודש און גאָר קוימישע לימודי־חול. און אפילו דער מינימום־שבמינימום פון לימודי־חול וואָס מען לערנט יאָ איז אויך בלויז אויף געציילטע יאָרן.

אפשר מיט צוויי אָדער דריי דורות צוריק האָט מען עס געקענט פאַרענטפערן ווען די עלטערן זענען געווען פון דער שארית־הפליטה אָדער פון דעם צווייטן דור וואָס זענען אָנגעקומען בערום ובחוסר כל בארץ לא להם וואו זיי האָבן שוואַך פאַרשטאַנען די שפּראַך און נאָך ווייניגער די קולטור. נאָך דעם גרויסן חורבן וואָס זיי אָדער זייערע עלטערן זענען דורך איז געווען נאַטירליך אַז זיי האָבן געוואָלט ווידער איינפלאַנצן זייערע וואָרצלען און מחדש זיין דאָס וואָס דער שונא האָט געפּרואווט צו פאַרטיליגן. זייער אַ סך האָט מען יונג אַוועקגעריסן פון דער היים און זיי האָט מער פאַראינטערעסירט אַוועקצושטעלן אַ יוגנט וואָס זאָל אויסזען ווי דאָס וואָס מען האָט ביי זיי צוגערויבט ווי איידער אַ יוגנט געפּאַסט פאַר דעם דור פון די קינדער. אויפצושטעלן אַ טראַדיציאָנעלן חדר איז אויך געווען פיל לייכטער ווי גרינדן אַ מאָדערנע שולע, כאָטש עס שטעלט זיך אַרויס אַז מען האָט דעמאָלט דאָך געלערנט מער לימודי־חול ווי מען לערנט היינט.

ביים צווייטן דור זענען נאָך געווען די בילדער פריש, און די וואונדן פייכט און דאָס ריזיגקייט פון דעם חורבן איז פאַרבליבן ביי מער ווי איין דור. דער פריערדיגער דור איז נאָך אויך געווען אַקטיוו און אַכטונג געגעבן אַז מען זאָל זיך נישט אַוועקנייגן פון דעם וואָס זיי האָבן געגרינדעט. די רעגירונג האָט זיך אויך נישט קיין סך אַריינגעמישט און וויבאַלד דער סאָרט חינוך וואָס מיר שטעלן צו קאָסט רעלאַטיוו ביליג האָט געפעלט אַן אינצענטיוו אַז מען זאָל זיך אַריינלאָזן אין פיל העכערע הוצאות.

היינט אָבער, וואָס מיר האַלטן כמעט פינף און זיבעציג יאָר שפּעטער,

אונזער לעבנס־שטייגער איז אינגאַנצן מאָדערניזירט און די וועלט אַרום אונז אינגאַנצן געענדערט, שרייט אויס די סתירה צווישן וויאַזוי מיר אַליין לעבן און וויאַזוי מיר ציען אויף אונזערע קינדער. איך וועל שילדערן דעם סדר־החיים פון אַ גרויסן חלק פון אונזערע דורכשניטליכע משפחות און בפרט די יונגערע און מער פאָרגעשריטענע חסידים און דאָס פאַרגלייכן מיט דעם שטייגער וויאַזוי זיי ציען אויף זייערע קינדער, אויף צו ווייזן ווי ווייט זיי זענען נישט איינשטימיג.

וויבאַלד די פראָבלעם איז צום ערגסטן ביי אינגלעך וועל איך מיך בעיקר אויף זיי קאָנצענטרירן. איך וועל אַראָפּלייגן ווי עס זעט ביי אונז אויס די תלמוד־תורה'ס און טענה'ן אַז די פראָבלעמען זענען לאו דווקא אין די נישטיגע לימודי־חול וואָס וועגן דעם רעדט מען גאָר אַ סך, נאָר ערשט אין די לימודי־קודש אַליין ליגט דאָס פינטל פון אונזער חורבן. פאַרשטייט זיך, אַז מען קען נישט איגנאָרירן דעם מצב פון לימודי־חול און איך וועל צייגן וואו אַהין דאָס פירט ווען מען ציט אויף גאַנצע דורות, וואָס באַשטייען היינט פון הונדערטער טויזנטער קינדער איבער דער גאָרער וועלט, אָן זיי צו געבן די יסודות צו קענען פאַרדינען און זיך מפרנס זיין בנחת ובהיתר. אויסער פרנסה שליסט מען זיי אויך אויס פון לעבן אַ פאַרשטענדליך און צופרידן לעבן און זיי געבן די ברירות זיך אויסצוקלויבן שפּעטער אין לעבן דאָס וואָס זייער נאַטור נייגט זיי דערצו.

כאָטש אין די נייעס הערט מען פיל איבער אינגלעך אין די הויכשולע־יאָרן, וואָס רופט זיך ביי אונז ישיבה־קטנה, וואו מען לערנט בכלל נישט קיין לימודי־חול, וועל איך דווקא רעדן בעיקר איבער תלמוד־תורה'ס, אָדער עלעמענטאַר־שולעס, ווי עס רופט זיך ביי דער וועלט, וואו עס איז דער אָנהייב פון זייער חינוך. אַזוי ווי עשרה בטבת וואָלט מען אפילו אום שבת געפאַסט ווען עס זאָל קענען אַזוי אויספאַלן, ווייל דעמאָלט האָבן זיך אָנגעהויבן די פורעניות, אַזוי אויך אַז מען וויל אין באַטראַכט נעמען די וואָרצלען פון אונזער חורבן און וואָס ביי אונז טוט זיך דאַרף מען צוערשט אָנקוקן די תלמוד־תורה'ס וואו עס הייבט זיך אַלעס אָן. דאָרט פאַנגט מען די מוחות פון די קינדער ביי גאָר אַ יונגן עלטער, אַזוי אַז ווען זיי קומען אָן אין די צענערלינג־יאָרן אין ישיבה קטנה איז שוין ביי רוב אָדער כולו לה' אָדער לעזאזל.

איך וועל פרואוון פאַרשטיין וויאַזוי דאָס האַלט זיך צוזאַמען בײַם אַלגעמיינעם עולם און אפילו ביי די וואָס זעען איין די חסרונות אין דער

סיסטעם און ווילן פיל בעסער פאַר זייערע קינדער. איך וועל ווייזן פון איין זייט די פחדים ביים ציבור פון יעדער סאָרט טויש וואָס קומט נישט חותם בתוך חותם. פון דער אַנדערער זייט וועל איך אָנווייזן אויף דעם שוחד וואָס מיר באַקומען פון די מוסדות אַז זיי פאַרלאַנגען שכר־לימוד וואָס איז גאָר נידריג אַקעגן דעם אמת'ן קאָסט און בפרט ווען מען פאַרגלייכט עס מיט דעם קאָסט אין אַלגעמיינע פריוואַטע שולעס. איך וועל אויך באַהאַנדלען די תוצאה דערפון וואָס איז די שטאַרקע אָנגעוויזנקייט פון חסידים אויף זייערע חסיד'ישע הויפן און זייערע סימפּאַטישע גבירים אויף אויפצושטעלן די מוסדות און זיי אויסצוהאַלטן און אַזוי אַרום אומדירעקט זייער השפעה אויף דעם אַלגעמיינעם לעבן פון די חסידים.

איך וועל שטעלן די פראַגע פאַר די עלטערן, וואָס מער אָדער ווייניגער געניסן זיי כמעט אַלע פון דער מאָדערנער וועלט, פאַרוואָס זיי לאָזן זיך פון אַזאַ סיסטעם, און אַראָפּלייגן פאַר זיי די סתירה צווישן זייער אַלגעמיינעם לעבנס־שטייגער און וויאַזוי זיי ציען אויף זייערע זין. מיין שאלה איז נאָך האַרבער צו די מער פאָרגעשריטענע עלטערן, וואָס מען רופט ביי אונז "מאָדערן" און וואָס מחמת זייער כלומר'שטן מאָדערנקייט זוכן די מוסדות אין עקסטרעמע פעלער אויסצושליסן זייערע קינדער און דאָך אַמפּערן זיי זיך צו באַקומען אַ פּלאַץ. פאַרוואָס פאַרגינען זיי נישט פאַר זייערע קינדער דאָס וואָס זיי פאַרלאַנגען פאַר זיך אַלס רעכט? אויך וויל איך פאַרשטיין וויאַזוי ווען אָן אַ צאָל נפשות פון חסיד'ישע אינגלעך גייען לאיבוד, מאַנכע דער גוף, מאַנכע די נשמה און מאַנכע דער מוח, זאָל אונזער וועלט זיך אַזוי פירן ווייטער און קיינער זאָל דערויף נישט אָפּגעבן קיין דין־וחשבון.

מיין ציל איז נישט צו פסל'ען דאָס אַלטע. איך קלער אַז וואָס איך שרייב

איז פאַר אַלעמען ביי אונז גוט באַקאַנט און איך זאָג דאָ נישט קיינע חידושים. מיין ציל איז בלויז צו פאַרבעסערן דעם מצב פון חינוך פאַר חסידי'שע אינגלעך, סיי אין קודש און סיי אין חול. כאָטש דאָס קונטרס'ל פאַרמאָגט קריטיק און צומאָל אפשר אויף אַ שאַרפן אופן, האָב איך עס געשריבן אך ורק ווייל איך פרואוו צו פאַרריכטן. איך גלייב אין די געוואַלדיגע כוחות פון אונזערע קהילות, אונזער פענאָמענאַלער ענערגיע, אונזער עזות דקדושה, די געוואַלדיגע כשרונות און טאַלאַנטן וואָס מיר פאַרמאָגן און עס ווייטאָגט צו זען ווי דאָס אַלעס גייט לאיבוד. דאָס ביסל טאַלאַנט וואָס מיר זעען איז בלויז אַן אפס קצהו פון דעם וואָס ליגט ביי אונז פאַרשטעקט און וואָס מיר וואָלטן געקענט אַנטוויקלען און אויסנוצן. סיי אין תלמידי־חכמים, סיי אין בעלי־ידיעה, סיי אין געשעפטסלייט און פראָפעסיאָנאַלן, סיי אין שעפערישקייט, ועל כולם חכמים ונבונים וואָס מיר וואָלטן געקענט פראָדוצירן אין יעדן פעלד פון וויסנשאַפט.

מיר זיצן אויף אַ באָמבע פון אָן אַ שיעור קינדער וואָס באַשטייען פון גאַנצע דורות מיט געוואַלדיגע כשרונות און פעאיגקייטן און אַ ריזיגן פאָטענציאַל וואָס מיר הונגערן אויס בידים ממש, פשוטו כמשמעו, פון דער פשוט'סטער וויסנשאַפט און מענטשליכקייט. אַז מיר זענען עתיד ליתן את הדין דערויף צו אונזערע קינדער אַליין איז אָפגערעדט און מיר זעען עס שוין היינט ווען גראַדואַנטן פון אונזער סיסטעם קומען מיט טענות אויף זייער גע'גזל'טער יוגנט. קול דמי בניך צועקים אליך מן החדרים און זאָל קיינער נישט קומען שפעטער זאָגן אַז ער האָט נישט געהערט די געשרייען.

די ברירה ליגט אָבער ביי אונז אין די הענט. אָדער האָדעווען מיר אונזער פאָטענציאַל מיט פירערשאַפט און מיט וויזיע און אַזוי וועלן מיר דערפון מאַכן אַ כלי מחזיק ברכה אַז די קומענדיגע דורות וועלן אונז באַדאַנקען פאַרן ראַטעווען דאָס שיפל. אָדער קענען מיר זיך צוקוקן מיט כאילו'דיגע הילפלאָזע הענט ביז ווי לאַנג די באָמבע וועט אונז צעפלאַצן אין פנים. עס האָט פאַסירט אין פריערדיגע דורות און מיר זעען שוין דעם אָנהייב אין אונזער דור. עס איז אָבער נישט צו שפעט בתנאי אַז מיר נעמען זיך דערצו ווייל אַליין וועט זיך עס נישט בייטן.

"לֵך נְחֵה את העם הזה" איז אַ רוף צו יעדן איטליכן אין יעדן דור און איך טו תפילה אַז כאָטש איינער זאָל לייענען און פאַרשטיין דאָס האַרבקייט פון דעם ענין און זיך ווענדן צו מיין רוף. דער איינער קען אָבער ווייניג דערגרייכן אָן דער מיטהילף פון אַנדערע און בפרט פון די עלטערן. ממילא מוז יעדער

פאַר זיך און זיין און איר הויזגעזינד אויך הערן דעם רוף און זיך מאַכן אַ חשבון־הנפש ווי אַזוי זייערע זין ווערן אויפגעצויגן. אַז איך וועל מצליח זיין אויפצואוועקן אידישע הערצער זאָג איך פאַר זיי "לך בכחך זה והושעת את ישראל". כלל־ישראל דאַרף יעדן איינעם פון אייך, ווייל די ישועה פון אייערע קינדער ליגט ביי אייך אַליין אין די הענט. אַז איר וועט באַשליסן אויסצופילן אייער פליכט צו אייערע קינדער וועט די ישועה זיכער קומען.

*

צו שרייבן דאָס קונטרס'ל האָב איך געדאַרפט אָנקומען צו אַ סך מענטשן און איך וויל זיי באַדאַנקען. מיין פאַמיליע וואָס האָבן מיר געהערט קלאַוויאַטירן אין אַלע שעות און מיר געזוכט ווען איך בין געווען פאַרשווינדן מיט מיין כתב־יד, די וואָס האָבן גענומען צייט איבערצוקוקן ערשטע ווערסיעס און מיר געגעבן הילפיגע קריטיק, דער "קריטיק־הגדול" וואָס האָט מיר געצוואונגען איבערשרייבן אַ גרויסן חלק פון אַ פריערדיגער גרסא, גיטל שעכטער־ווישוואַנאַט וואָס האָט מגיה געווען און קאָמענטירט אויפן טעקסט, "פלאַוויוס" פון דעם קאַווע־שטיבל־פאָרום פאַר איבערגיין דעם טעקסט און עס פאַרבעסערן פון אַ חסיד'ישן קוקווינקל, דער מומחה וואָס האָט זיך באַשעפטיגט מיט דעם אויסלייג פונעם קונטרס און אויך מיט די רעקלאַמעס פאַר זאַמלען געלט, ועל כולם "ראובן" דער חשובער רעדאַקטאָר פון "דער וועקער" וועמען איך האָב צום מערסטן פאַרדרייט איבער דעם אַ קאָפּ און מיט וועמען איך האָב מיר געקענט כסדר דורכרעדן איבער מיינע צווייפלונגען. אויך וויל איך באַדאַנקען די צענדליגער נדבנים וואָס האָבן צושטייער געגעבן מיט געלט און הילף אַז דאָס געלט זאָל אַריינקומען, און אויך די וואָס האָבן מיר געשריבן פריוואַט מיט ווערטער פון חיזוק. אַלע האָט איר גענוויזן אַז איך בין נישט דאָ אַ דעת יחיד, די פּראָבלעם איז אַן אַנערקענטער און אַ דרינגענדיגער וואָס קאָסט אָפּ די נפשות פון אונזערע קינדער און שרייט אויס אויף דראַסטישע לייזונגען.

איך שפיר מיך אין דעם אַ שליח ציבור ויהיו נא אמרי לרצון לפני אלקים ואנשים.

• קאַפּיטל א' •

אַ בילד פון חסידים בזמן־הזה

איידער מיר נעמען אַפיר דעם מצב פון חסיד'ישן חינוך און אַלס אַן אַריינפיר איז וויכטיג אָפּצומאָלן אַ בילד פון דעם אַלגעמיינעם טאָג־טעגליכן לעבנס־שטייגער פון אַ גרויסער, און וואַקסנדיגער, צאָל חסידים און ווי זיי ריכטן אָפּ זייער אַלגעמיין לעבן בזמן הזה. דאָס איז בכדי צו געבן אַ קאָנטעקסט און איינצורעמלען דעם פּאַקטישן מצב פון אונזער חינוך, סיי ווי עס זעט אויס למעשה און סיי ווי עס וואָלט געקענט - און געדאַרפט - אויסזען. איך האָב נישט געפאָרשט מיט אַנקעטעס און איך קען זיך נישט פאַרלאָזן אויף אונזערע צייטשריפטן אָדער פובליקאַציעס ווייל זיי גייען בשיטה אַז זייער ראָלע איז צו מאַכן דעם אָנשטעל אַז אַלעס

איז ווי זיי האַלטן עס וואָלט "געדאַרפט" זיין איידער וואָס טוט זיך ביי אונז באמת. ממילא, אויף איבערצוגעבן אַזאַ בילד האָב איך מיך געוואָנדן צו מיינע אייגענע וואו סיי איך קען צוקוקן פון דער נאָנט און סיי איך האָב אַ כסדר'דיגן בליק. איך האָב געענדערט פרטים כדי לערבב השטן און איך האָב אויך דערצו צונויפגעשטעלט דאָס וואָס איך הער פון פריינט אָדער אין שמועסן ביי אַנדערע. איך גיב נישט דערויף קיין הסכמות און איך בין אויך נישט מקטרג. איך שטרעב בלויז איבערצוגעבן בנאמנות ווי ווייט עס איז מעגליך וויאַזוי דאָס לעבן זעט אויס אין די שטיבער פון אַ גרויסן חלק פון די עלטערן און פון די קינדער וואָס האַלטן אונטער אונזערע חינוך־אינסטיטוציעס.

עטליכע פון מיין און מיין פרוי'ס פאַמיליע ווי אויך אַ חלק פון מיינע פריינט זענען אין אַלגעמיין דאָס וואָס רופט זיך "טשילד" אָדער חסיד'יש־לייט (lite). נישט גאָר פרומע און מער־וויניגער צו גאָט און צו לייט. זייער "צו גאָט" באַשטייט כמעט אינגאַנצן פון זייער חסיד'ישן אויסזען און וואו זיי געהערן, און הא גופא איז אויך בעיקר אין דעם חסיד'ישן פאַרנעם פון די מענער. די מענער גייען אַ סך אַרויפגעצויגענע שטרימפּ אום שבת און כמעט אַלע גייען מיט נישט־געשטיצטע בערד. ווען זיי ווערן אַ חתן און האָבן חתונה איז עס על־פּי רוב מיט געקרייזלטע פּיאות אָבער ווען זיי ווערן אַביסל עלטער לייגן זיי די פּיאות אויפ'ן אויער, כאָטש אַז ביי אַ פּאָר קומען די פּיאות צוריק אַראָפּ אויף שבת. חסיד'ישע היט און לאַנגע רעקלעך גייען זיי איינס ביי איינס און פיל טראָגן אפילו וועסטלעך אויך. ווייסע העמדער טוען זיי אָן יעדער באַזונדער און עס זענען דאָ אַזעלכע וואָס עס הענגט ביי זיי שליסלעך פון די הויזן וואו טיילמאָל איז אויך באַהאָפטן אַ סעלפאָן. בקיצור חסידים לכל דבר.

לעומת זה קומט דער חסיד'יש־לייט־חלק צום מערסטן אַרויס ביי די פרויען. זיי גייען כמעט נישט היטלען אָדער טיכלעך אויפן שייטל און די קליידערלענג איז שטענדיג דרום פון די קני, כאָטש ביי אַ פּאָר איז עס פונקט דאָרט וואו צפון און דרום קושן זיך. אין אַלגעמיין איז זייער קליידונג טאַקע נישט אויסגעלאַסן, אָבער אויך נישט לויט די אויסגעשפּראָכענע אידעאַלן פון דער סיסטעם, ווי למשל, זייער שייטללענג אָדער די דיקקייט פון די שטרימפּ אָדער אַנדערע זאַכן וואָס מען ברענגט אויף זיי כסדר פרישע חומרות. פונדעסטוועגן זענען זיי אויך געניוג אין די ראַמען אַז דאָס

חסידות זאָל זיי נישט אויסשפּייען. אַ פּאָר פון די מענער האָבן שוין געהאַט מעלדונגען אַז מען דאַרף דאָס און יענץ מתקן זיין, אָבער נישט גענוג אויף צו פאַרשיקן די מענער פון שול אָדער די קינדער פון די מוסדות.

אַז דאָס איז אַלעס "צו גאָט", דאָך שטייט עס זיי גאַנץ ווייניג אין וועג פון זייער "צו לייט". נישט געקוקט אויף די כסדר'דיגע איסורים האָבן זיי כמעט אַלע סמאַרטפאָונס, אנשים ונשים צוגלייך, אינטערנעט אינדערהיים מיט אַ טאַבלעט פאַר בשכבך און אַ פּי־סי אדער לאַפּטאָפּ פאַר ובקומך. לעצטנס מיט דער פאַרשטאַרקונג פון די איסורים און די דראָענישן איבער די קינדער'ס פלעצער אין שולעס און חדרים, האָבן עטליכע צוויי טעלעפאָנען - איינס פאַר מראית העין און איינס פאַר סמוי מן העין. ווי נאָר, האַלטן זיי נאָך אַלץ אַלעס מיט. אַ סך עסן כסדר אין רעסטאָראַנטן און פּרוואוון יעדע נייע עסעריי וואָס שפּראָצט אויף. פון די מענער גייען עטליכע אין דזשים און איינער לערנט זיך גאָר "קיק באָקסינג". און אַז איך דאַרף צולייגן נאָך איין זאַך ווי אַ ביישפּיל פון זייער מאָדערנקייט איז עס אין דער צאָל קינדער אין זייער שויס וואָס איז ווייניגער אַקעגן די דורות פון זייערע עלטערן און פריער.

אויפן קולטורפראָנט געניסן אַ סך פון "דער עקס פאַקטאָר", "אַמעריקע האָט טאַלאַנט", "ביג בראָדער" און די אַנדערע מטעמים וואָס די ברייטערע קולטור שטעלט צו. עס זענען דאָ אַזעלכע וואָס גייען אין "טעאַטער" צו זען פילמען און אַמאָל אויף בראָדוועי אויך. אַ חלק ניכר פון סיי די עלטערע נישט־פאַרהייראַטע מיידלעך און סיי די חתונה־געהאַטע מענער און פרויען האַלטן מיט די "סעלעבּ" לשון־הרע'לעך, זיי ווייסן ווער ס'שלאָפט מיט וועמען און וועמען מען האָט געכאַפּט ביי וועלכן עבירה'לע. אַמאָל גיט איינער אַ יראת־שמים'דיגן קרעכץ איבער דער גוי'ישער פּראָסטקייט, אָבער באַלד דערנאָך איז צוריק צו דזשאָסטין ביבער'ס נייער "גירלפרענד" וכדו'. אַמאָל פלעגן זיי זיך טוישן מיט די־ווי־די'ס, נאָר היינט מיט נעטפליקס איז שווערער צו וויסן דעם מצב, כאָטש עס זעט מיר נישט אויס אַז זיי זענען הינטערשטעליג. לויט ווי מיינע קינדער גיבן איבער האָט איינער אַ נעטפליקס־קאָנטע מיט וואָס די געשוויסטער קענען זיך באַנוצן.

אויך אין מוזיק געניסן די יונגערע פון מערב'דיגע זינגערס, הערן אַלעס פון מאַרייע קערי ביז טעילאָר סוויפט, אַדעל און ברונאָ מאַרס, ווי אויך, פאַרשטייט זיך, חרד'ישע מוזיק. דער חילוק איז נאָר אַז ווען עס האַנדלט

זיך מיט אידישער מוזיק האָבן זיי ליב צו הערן זיפצן פון גלות השכינה, קרעכצעריייען וויפל צרות מיר אידן גייען דורך און טאַנצערייען איבער דער מאָס ליבשאַפט פון אונז צום באַשעפער און ער צו אונז, מה שאין כן ביי די מערב'דיגע זינגער זינגט זיך עפעס אַן אַנדער סאָרט ליבשאַפט.

צוריקגערעדט "צו גאָט", דהיינו אין זייער חסיד'ישן לעבן, זענען זיי נישט צו גרויסע שפעקולאַנטן און שלינגען איין דעם חרד'ישן סם החיים מיטן פיטום. זיי זענען פאַרגלייבט אין הצלה, שומרים, דור ישרים און בוני עולם און זייער גלייכן. זיי האַלטן פון עסקנים כאָטש זיי פאַרמיידן זיך נישט פון אַביסל צינישקייט, און אויך קענען זיי יעדע חכמה אויף זיך אַרויסצודרייען פון אַ טיקעט. מיר האָבן שוין היינט אייגענע הצלה־מיטגלידער אין דער משפחה און אום שבת און יו"ט האַלטן זיי זייערע "טו־וועיס" חלילה נישט צו פאַרפעלן אַ חילול־שבת, פאַרשטייט זיך אויף פיקוח־נפש. אין זייערע שמועסן איז אַ איד בדרך־כלל גערעכט און ארץ־ישראל שטענדיג אַ קרבן, און אַז איך וואַרף אַריין אַ סקעפטיש וואָרט רופט זיך באַלד איינער אָן, בלויז האַלב איראָניש, "שוין, נאָך אַ "סעלף־העיטער"". און לעצטנס האָבן מיר טראָמפיסטן אויך. ווי איך האָב געזאָגט, חסידים לכל דבר, און די זאַכן זענען דאָך די אני־מאמינ'ס פון אַ חסיד'ישן איד אין דעם איין־און־צוואַנציגסטן יאָרהונדערט.

לעומת זה ביי צאַמקומס ביי אונזערע פאַמיליעס, כלומר זייערע באַבעס און זיידעס און פעטערס און מומעס, אויף יום־טוב־סעודות אָדער פאַרטיס, פאַרנעמען נישט די אני־מאמינ'ס די עיקר שמועסן. סתם פלאַפלעריי ציט זיך פון קאַרס, ביז די נייסטע אַפּאַראַטן, וואַקאַציעס און רעסטאָראַנטן, ווער עס מאַכט מער געלט ווי ווער, שטאָטישע לשון־הרע'ס און חסיד'ישע פּאָליטיק. און ווען מען רעדט פון "ערליין פוינטס" און "אָפּגרעידס" איז ממש שכינה שרויה ביניהם. מוצאי־שבת קוקן די קינדער אויף די־ווי־די'ס, צומאָל "סקובי־דו" אָדער "טאָם ענד דזשערי". לעצטנס איז אַ שוואָגער פרומער געוואָרן, ברענגט ער חרד'ישע די־ווי־די'ס וואו אידן זענען די פּאָליציי, גויים די גנבים, די סצענעס שפילן זיך אויס אין שבת'דיגן עסצימער פון פרומע דירות מיט אַ זילבערשאַנק און אַ הויכער שטול ביים טיש אויבנאָן און די פערזאָנען הערן נישט אויף שרייען איינער אויפן צווייטן.

ביי פאַרטיס זיצן אָפט די פרויען ביים טיש און דערציילן זיך איבער די מציאות וואָס זיי האָבן איינגעהאַנדלט אין סענטשורי 21 אָדער געזען אין וואודבערי קאָמאָנס, די מער גלייביגע פון זיי דערציילן האַרץ־רייסנדיגע

מעשיות וואָס זיי האָבן געלייענט אין "המודיע" אָדער "משפחה", און אַז מען דערמאַנט דעם "עמי" זשורנאַל איז עס מיט דעם יראת־הכבוד ווי ביי אַנדערע דעם "ניו־יאָרקער". און דערנאָך איז צוריק צו שייטלען, נעגלבאַרס, קליידער און עפּעס אַ פרישן סקאַנדאַל. און ווייטער די מענער, זיי רייצן זיך איינער מיטן צווייטן, לויפן אַריין און אַרויס, כאַפּן אַ ציגאַרעטל, שרייען איינער איבער דעם אַנדערן און דערציילן זיך שמוציגע ווערטלעך.

ווי איך האָב געזאָגט איז דאָס נישט בלויז ביי אונז און אויך נישט אינגאַנצן ביי אונז. נאָר ווען איך זאָל קלערן אַז דאָס בילד איז אייגנאַרטיג פאַר מיין פאַמיליע און מיינע פריינט וואָלט איך עס נישט אָפּגעמאָלן. אמת, עס זענען דאָ פרומערע פאַמיליעס וואָס ווען זיך אין דעם בילד נישט דערקענען אָבער פון אומקוקן זיך, פון הערן מענערישע שמועסן אין ביהמ"ד און זיצנדיג צוזאַמען אויף שמחות און פון אונטערהערן ווייבערישע רעדעריי קומט מיר אויס אַז מיר זענען גאָרנישט אויסטערליש. עס זעט מיר אויס אַז מער־ווייניגער חזר'ט זיך דאָס בילד איבער היינטצוטאָג שבת און יו"ט, ביי חנוכה־פּאַרטיס און פורים־סעודות, בר־מצוות און חתונות אויף דער גאָרער וועלט ביי גאָר אַ סך משפחות אין אַמעריקע, אין אייראָפּע און אפילו אין ארץ־ישראל ביי די גאַנץ יונגערע.

בקיצור, מיטלקלאַס־פאַמיליעס לכל־הדעות. מיר זעען טאַקע אויס אַנדערש, אונזער שפּראַך איז אידיש ביי די מענער און אינגלעך, אונזערע

אַקצענטן ברוקלין\מזרח־אייראָפּעאיש, אונזער פּאָליטיק מער סאָציאַל־קאָנסערוואַטיוו (כאָטש וואו עס איז דאָ צו נאַשן פון דער רעגירונג זענען זיי, אויף וויפל איך וויס, על־פּי רוב מחותנים), די מענערישע קליידונג איז פוילן פון דעם אַכצנטן יאָרהונדערט און ביי די פרויען אַביסל וויניגער אויסגעלאַסן און מיט מער שיכטן. אָבער אין די גשמיות'דיגע השגות איז עס ווי אַ גוי צי אַ וועלטליכן איד אין עלטער פון די מיטעלע דרייסיגער אָדער פערציגער יאָרן, כאָטש ביי אונז זענען פיל פון זיי קוים אין די צוואָנציגער.

אויסער אין איין זאַך. און אין דעם איז עס כאילו די וועלט האָט זיך נישט גערירט אַ משהו זייט די צייטן ווען פוילישע פּריצים זענען געגאַנגען שטריימלעך און ענגלישע פירשטן אין ווייסע שטרימפּ און פּאַרוקן.

די איינע זאַך איז די דערציאונג פון די אינגלעך. ביי דעם איז עס ווי די וועלט איז שטיין געבליבן אין טראַנסילוואַניע אָדער אין דעם תחום־המושב אַרום 1830 און מיר זענען דערפון די שארית־הפליטה. אפילו דאָס איז אַ גוזמא ווייל אַז מען רעדט מיט עלטערע אידן פון אונגאַרן און טשעכן שטעלט זיך אַרויס אַז פיל זענען געגאַנגען אין די שטאַטישע שולעס מיט גוי'שע קינדער און געהעריג שטודירט די נאַציאָנאַלע בילדונג. איך בין אָבער נישט אויסן אַריינברענגען אַהער היסטאָריע ווייל אַן עולם וואָס דרשנ'ט טאָג און נאַכט פון "דער היים", אָבער קען על־פּי רוב ניטאַמאָל אָנווייזן אויף אַ מאַפּע וואו די היים איז געווען, וועט זיך נישט איבערצייגן פון היסטאָריע וואָס איז סותר זייער כלומר'שטע מסורה.

עס גלייבט זיך קוים, אָבער דאָס בילד איז יעדן באַקאַנט און איך דערצייל דאָ נישט קיינע סודות. דאָ שטייט אַ קינד איבער וועמען די עלטערן האַלטן אין איין דערציילן מעשה'לעך איבער זיין שמייכל, זיין קריכן, די ערשטע ווערטער, דעם בליענדיגן פקחות. מען וואָטסאַפּט זיך איבער די פּאָקן און מאָזלען, מען לייגט אַרויף אויף די משפּחה־גרופּן בילדער פון דעם קליינעם אין אַ זונהיטל, אין זונברילן און אין די ערשטע שיך, נאָר אַזוי ווי דאָס צדיק'ל דאַרף גיין אין חדר איז מען אים פּשוט און פּראָסט מפקיר. מוצאי־שבת זיצט מען ביז די שפּעטע שעה'ן צו זען די געשרייען און קלאַטשן פון רעאַליטעט־פּראָגראַמען אין סטודיאָס איבער דער וועלט, מען איז אַ בקי אין דעם ייחוס פון די קאַרדאַשיאַנער, מען האַלט מיט יעדער געטשיק פון די אָסקאַרס און דער קליידונג (אָדער אומקליידונג) פון די אַקטריסעס, אָבער אויף די אייגענע קינדער איז נישט עולה על הדעת, עס פּאַלט

ניטאַמאָל איין, אַז זיי דאַרפן עפּעס מער ווי נאַשן די לעצטע אימפּאָרטירטע כשר־למהדרין חזיר'יי.

אַמאָל פרעג איך מסיח לפי תומו'דיג, מיינע קרובים אָדער סתם יונגעלייט אין בית־המדרש, פאַרוואָס זיי שיקן אַהין די קינדער. בדרך־כלל הייבט מען מיר אָן מסביר זיין אַז היינט איז נישט ווי אַמאָל. די מלמדים זענען ווייכער, די קינדער האָבן ליב צו גיין אין חדר און מען שלאָגט "כמעט" נישט, כאילו דאָס פאַרענטפערט די סתירה און די הווילקייט צווישן זייער לעבנס־שטייגער וואָס זיי פאַרגינען פאַר זיך אַליין און דעם חינוך פון זייערע זין.

שבת אינדערפרי טרינק איך צו מאָל אַ קאַווע מיט אַ יונגערמאַן וואָס גייט נישט ממש בדרכי אבותיו. זיין באָרד איז קורצליך און גלייך ביי די זייטן, זיינע פּיאות זענען עפּעס נעלם געוואָרן און ער טרינקט אַ קאַווע ווען אויבן זאָגט מען נקדישך. איך פרעג אים וואו ער פּלאַנירט צו שיקן זיין זון, זאָגט ער אין דעם תלמוד־תורה וואָס געהער צו אונזער שטיבל. פרעג איך אים, פאַר ווי לאַנג איז ער אַוועק פון דעם תלמוד־תורה? ענטפערט ער, מיט זיבן, אַכט יאָר צוריק. אַ סך פון די מלמדים און אויך דער מנהל זענען נאָך די זעלבע ווי אין זיינע צייטן. איך פרעג ווייטער, צי עס שטערט אים נישט אַריבערצופירן זיין אייגן קינד דורך מער־ווייניגער דער זעלבער סיסטעם וואָס ער אַליין איז פון דאָרט קוים אַרויס. הייבט ער זיך אָן פאַרענטפערן. ער פלעגט גאַנץ ליב האָבן חדר און עס איז אים נישט אַזוי שלעכט געווען, און ער קוקט מיר אָן וויאַזוי איך בין עס מקבל. אַז איך שווייג פאַרענטפערט ער זיך ווייטער אַז ער אַליין האָט נישט שטודירט און דאָך גיט ער זיך אַן עצה מיט פּרנסה. און אַז איך שווייג ווייטער דערציילט ער פון זיין שליטן־וואַקאַציע. איך פרעג אים נישט, אַז היתכן זיין פרוי קען זיך אָנטון הויזן אויף די בערג, אָבער זיינע קינדער טאָרן נישט וויסן וועגן ימים און טייכן, בערג און טאָלן.

• קאַפּיטל ב' •

הייַנטצייַטיגער חסיד'ישער חינוך־הבנים

אַז איך שטעל אַזוינע פראַגעס איז קודם כל וויכטיג צו דעפינירן דעם חינוך אויף וואָס איך פאַררוף זיך און ערשט דערנאָך אויסצולייגן מיינע טענות. איך רעד דאָ בעיקר פון תלמוד־תורה'ס און חדרים אין חסיד'ישע קרייזן, כלומר דאָס וואָס רופט זיך ביי דער וועלט עלעמענטאַר־שולעס. איך וועל זאָגן לכתחילה אַז עס זענען דאָ אויסנאַמען וואָס זענען נישט אינגאַנצן ווי איך שרייב; די זענען געוועונליך ביי גאָר קליינע קרייזן אָדער זעלבסטשטענדיגע חדרים אָן אַ קרייז, כאָטש אַלץ אויף אַ חסיד'ישן פאַרנעם. אין אַנדערע פעלער זענען זיי מעין חסיד'יש, אָבער אינדרויסן פון אונזערע געגנטער און זיי נוצן דאָס פאַר אַ תירוץ נישט אָנצונעמען קינדער פון אונזערע קרייזן.

ווי נאָר, זענען אַזוינע מוסדות אַ מיעוט־שבמיעוט וואָס ווערן כמעט בטל

ברוב. רוב־מנין און רוב־בנין פון די חדרים ליגן אין די הענט פון די מאַכטהייזער פון די גרויסע חסידות'ן וואו עס ווערן דערצויגן גאַנצע דורות פון אינגלעך. צווישן די קלענערע חדרים זענען אויך דאָ אַ סך כיוצא בהם און אָפט איז ביי זיי ערגער וויבאַלד זיי האָבן נישט די נייטיגע קוואַלן פון מענטשן, לאָגיסטיק און געלט זיך אָפצוגעבן מיט די באַדערפעניש פון די קינדער אַזויווי עס מעגליכט זיך ביי די גרעסערע פּאַרטייען.

אין חדר הייבט אַ אינגל אָן צו גיין ביי די דריי יאָר אַלט (אַנשטאָט ביי די פינף, ווי עס איז איינגעפירט אין דער אַלגעמיינער וועלט) און דאָרט הייבט זיך אַלעס אָן, סיי ביים אינגל אַליין און סיי ביי אונזער גאַנצער סיסטעם. דאָרט, ביי אַ גאָר יונגן עלטער, קומט דאָס אינגל צום ערשטן מאָל ריכטיג אין פאַרבינדונג מיט איינער פון אונזערע צענטראַלע אינסטיטוציעס. ווען ער האָט קוים שכל צו טראַכטן און צו פאַרשטיין זאַפּט ער דאָרט איין די גרונטשטיינער פון אונזער לעבנס־שטייגער, וואָס אין רוב פעלער באַגלייטן זיי אים עד־סוף־ימיו. וויפל קענען עדות זאָגן אַז מען קען אַנטלויפן פון דער חדר־סיסטעם מיט די פיס און מיט דעם גוף, אָבער דעם חדר אַליין נעמט מען מיט זיך מיט. ווייל דער חדר ליגט ביי יעדן באַזונדער אין די רמ"ח אברים ושס"ה גידים סיי אויף גוטס און סיי אויף פאַרקערט. טאַקע דער גרעסטער באַווייז אויף דער טיפקייט און פעסטקייט פון די חדר־וואָרצלען איז אַז די פירות פון די אָ תלמוד־תורה'ס שיקן ווייטער זייערע אייגענע קינדער אַהין, כאָטש זיי אַליין פירן זיך אינגאַנצן נישט לויט די אידעאַלן פון דער סיסטעם. ממילא, אויף צו קענען לייזן אויף ווייטער מוזן מיר צום ערשט אַנאַליזירן און גוט פאַרשטיין וואָס דאָרט קומט פאָר.

צו שרייבן דאָס קונטרס'ל האָב איך געהאַלטן מעין־אינטערוויוס מיט קינדער פון פאַרשידענע עלטערס אין די חדר־יאָרן. אין רוב פעלער האָב איך זיי בלויז געפרעגט פון ווען און ביז ווען זיי זענען אין חדר און וואָס זיי טוען פון דער צייט ווען זיי קומען אָן אין חדר אינדערפרי ביז זיי גייען אַהיים פאַרנאַכטס. כדי פעסטצושטעלן אַז דאָס בילד איז קראַנט האָב איך זיך אויך נאָכגעפרעגט ביי עטליכע עלטערן ווי עס גייט ביי זייערע קינדער. פונדעסטוועגן איז דאָס נישט קיין וויסנשאַפטליכע אַנקעטע און עס איז בלויז צו שאַפן אַן אַנעקדאָטיש בילד. (על־פי רוב האָב איך אָנגעפרעגט ביי די קינדער שבת אָדער יו"ט ווען איך האָב נישט געקענט באַלד אָפשרייבן די פרטים.)

דער חדר ביי די יונגערע ציט זיך פון אַרום 8:30 אינדערפרי ביז 5 אַ זייגער נאָכמיטאָג און ביי אַ פּאָר גאָר יונגע קינדער הייבט מען אָן 9 אַ זייגער. אַ זיבן־יעריג אינגל האָט נישט געוואוסט ווען דער חדר הייבט זיך אָן און ער האָט געזאָגט, "ווען דער באָס קומט אָן". ער האָט נישט געקענט זאָגן וויפל אַ זייגער דער באָס קומט אָן און אויך נישט ווען דער חדר ענדיגט זיך. ביי אַרום די צען־יעריגע און העכער זענען די שעה'ן פון אַרום 8 אינדערפרי ביז 6 אויף דער נאַכט און ביי עלף אָדער צוועלף יאָר אַלט זענען דאָ אַזעלכע וואָס לערנען אין חדר פון 7:30 אינדערפרי ביז אַרום 6:30 אין אָוונט. דאָס רעכנט נישט אַריין בערך אַ האַלבע שעה פאַרן אָנהייב און ביים סוף פון חדר ווען מען זיצט אויפן באָס. די זענען נישט קיין פּונקטליכע זמנים וויבאַלד זיי טוישן זיך לויטן חדר.

ווען איך האָבן געפרעגט די קינדער וואָס מען טוט ביים אָנהייב האָבן מיר עטליכע געענטפערט, מסיח לפי תומם, "גאָרנישט," ווייל דער מלמד (ווּעמען די קינדער רופן אָן "דער רבי") קומט אַריין שפּעט. ווען איך האָב געשטעלט די פראַגע ווי שפּעט, האָט מען מיר געזאָגט פינף, צען מינוט און אַ סך מאָל אפילו שפּעטער. אין דער צייט איידער דער מלמד קומט אָן איז קיינער נישטאָ אין דער כתה מיט די קינדער.

כמעט אַלע הייבן אָן דעם טאָג מיטן דאַווענען. ביי די גאַנץ קליינע זענען דאָ אַזעלכע וואָס שפּילן זיך איידער מען הייבט אָן צו דאַווענען און זיי שפּילן זיך אויך במשך דעם טאָג אַ סך מער. אויסער שפּילן און דאַווענען לערנען די גאַנץ קליינע אלף־בית און עברי; ווען זיי קענען שוין עברי זאָגן זיי תהילים

און ווען זיי זענען אַביסל עלטער לערנען זיי חומש. ביי עטליכע דערציילט דער מלמד געוויינליך אַ מעשה פון "צדיקים" נאָכן דאַווענען, און צו מאָל פאַרן דאַווענען. די גאַנץ יונגערע מאָלן אויך צעטלעך, למשל פון דער סדרה אָדער אלף־בית, אָבער דאָס ענדיגט זיך ביי אַרום זיבן אָדער אַכט יאָר אַלט.

אַן אַכט־יעריג אינגל האָט געזאָגט אַז ער לערנט חומש און זאָגט תהילים אינדערפרי, און דערנאָך לערנט ער משניות. זיין משניות־קלאַס ציט זיך במשך אַנדערטהאַלבן שעה. אַן עלף־יעריג אינגל האָט דערציילט אַז ער לערנט שוין גמרא וואָס איז אויך אין אַזעלכע לאַנגע פאַרצויגענע קלאַסן, און אויך אים דערציילט מען מעשיות געוויינליך נאָכן דאַווענען.

דער אופן פונעם לערנען איז אַז ביי חומש לערנט דער מלמד פאָר און די קינדער זאָגן נאָך פראַזע נאָך פראַזע, און אַזוי איז בפרט ביי די יונגערע. ביי די עלטערע קינדער וועלכע לערנען משניות און גמרא איז דער סדר אַז דער מלמד לערנט פאָר און דערנאָך חזר'ט מען. צומאָל בעט אויך דער מלמד אַז אינגלעך זאָלן הויך זאָגן. די רבי'ס שרייבן זעלטן אויף דעם וויסן טאָוול און בעיקר נוצן עס די לערערס (ווען די קינדער רופן "טיטשערס"). צי מען נוצט פאַוערפוינטס האָב איך בכלל נישט געפרעגט.

לימודי־חול, דאָס וואָס מען רופט ביי אונז "ענגליש", הייבט זיך ביי אַ סך אָן ביי די זעקס אָדער זיבן יאָר און ענדיגט זיך על־פי רוב ביי די צוועלף יאָר. ביי אַלע האָט מען געלערנט לימודי־חול צום סוף טאָג פון אַ שעה ביז אַנדערטהאַלבן שעה, פיר טעג אַ וואָך (זונטאָג און פרייטאָג לערנט מען נישט לימודי־חול). בדרך־כלל איז דאָס כולל שרייבן, לייענען, חשבון און ביי אַ פאָר אויך פשוט'ע פאַקטן פון געאָגראַפיע. איינצלנע פון די עלטערע אינגלעך האָבן מיר געזאָגט אַז מען לערנט זיי אויך היסטאָרישע פאַקטן, למשל וועגן די וועלט־מלחמות. אַנדערש ווי אַמאָל זענען היינטצוטאָג פיל פון די לימודי־חול־לערערס חסיד'ישע יונגעלייט און גראַדואַנטן פון דער זעלבער סיסטעם.

איך פרואוו דאָ נישט אַראָפּלייגן דעם סדר־היום בפרטיות פון יעדן וואָס איך האָב געפרעגט ווייל עס טוישט זיך פון חדר צו חדר. עס זענען אוודאי אויך דאָ חדרים וואָס האָבן קירצערע קלאַסן. אָבער דאָס אַלגעמיינע בילד וואָס קומט מיר אויס פון די שמועסן מיט די קינדער און וואָס איך האָב אויך באַשטעטיגט מיט עלטערן פון פאַרשידענע לענדער, איז פון אַ לערן־פראָגראַם וואָס איז כמעט די זעלבע אין חסיד'ישע חדרים בכל מקומות

מושבותיהם. אָנהייבנדיג פון די גאָר יונגע יאָרן פאַרברענגען אינגלעך לאַנגע שעה'ן אין חדר און אין לאַנגע קלאַסן וואו זיי זיצן אויסגע'שורה'ט פאַרן מלמד אָדער זיצן אין דער צורה פון אַ "ח", און ביי די קלאַסן מוזן די קינדער זיצן כסדר מיט דער פינגער אויפן בלאַט. מען לערנט מיט זיי חומש כמעט פון אָנהייב, משניות פון זעקס אָדער זיבן יאָר אַלט, און גמרא פון בערך ניין אָדער צען. מען זאָגט אויך תהילים, מען הערט מעשיות און מען שרייבט גאַנץ ווייניג, געוועגליך נישט יעדן טאָג. די יונגערע לערנט מען אויס שרייבן די צורת האותיות און דערנאָך איז דאָס ביסל שרייבן בעיקר קורצע ענטפערסביים פאַרהערן אָדער ווען זיי שרייבן זיך אויף די תורות וואָס דער מלמד זאָגט פאַר שבת.

נאָכ'ן רעדן מיט אַ פאָר קינדער האָב איך נישט געדאַרפט צופיל מער פרעגן ווייל איך האָב דערקענט דאָס בילד פון מיינע אייגענע קינדער־יאָרן. זיי לערנען פונקט ווי מיר האָבן געלערנט אין זייערע יאָרן, ווי אונזערע עלטערן האָבן אונז דערציילט אַז זיי האָבן געלערנט און מן־הסתם ווי אונזערע זיידעס האָבן געלערנט אין שטעטל.

דער שוסטער שניידט שוין נישט קיין שיך, דער שניידער מעסט שוין נישט קיין אַנצוג, מען שמירט שוין נישט קיין רעדער אויף אַ וואָגן און אַ בעל־עגלה איז אַ פאַך בלויז אין מעשה־ביכלעך. נאָר קומט אַריין אין אַ מיטצייטישן חסיד'ישן חדר מיט מאָדערנע חסיד'ישע עלטערן אין דעם איין־און־צוואָנציגסטן יאָרהונדערט און עס איז ווי די וועלט איז שטיין געבליבן.

• קאַפּיטל ג׳ •

לימודי־קודש

די געוועגליכע קריטיק אויף חדרים איז די נישטיגע - גאָר ווייניג אָדער אינגאַנצן נישט - לימודי־חול, די נישט־באַהאַוונטע מלמדים, שלאָגן קינדער[1] אָדער זיי באַהאַנדלען שלעכט אויף אַנדערע אופנים און ענליכע

---

1. איך האָב מיך נישט געקענט איינהאַלטן אויף צו פרעגן אַ ביסל איבער שלאָגן. אַ סך האָבן מיר געזאָגט אַז מען שלאָגט נישט, אַנדערע האָבן מיר געזאָגט כמעט נישט און קיינער האָט נישט געזאָגט אַז מען שלאָגט כסדר. מיר איז אויסגעקומען אַז כאָטש מען שלאָגט אַ סך ווייניגער ווי אַמאָל ווענדט זיך עס נאָך אַלץ אין אינדיווידועלע מלמדים. דער מלמד וואָס דערלאַנגט אַ פּאַטש האָט אויך מער מורא צו האָבן פון די עלטערן ווי איידער די מנהלים. אַ שפּראַך פון שלאָגן איז נאָך געבליבן אין אַזעלכע פראַזעס ווי "עס קומט זיך דיר אַ פּאַטש" אָדער "האָסט אַ מזל איך קען דיר נישט שלאָגן". אַ פּאָר האָבן מיר געזאָגט אַז דער רבי וואַרפט זאַכן אויף קינדער אָדער ער שטופּט די קינדער. שרייען אויף די קינדער קומט אויך גאַנץ אָפט פאָר.

ענינים. וואָס מען רעדט ווייניגער איז פון די עצם לימודי־קודש וואָס דאָס איז דאָך דעם חדר'ס אמת'ער תכלית און ציל. "כי הם חיינו ואורך ימינו" איז ביי אונז נישט בלויז אַ פראַזע נאָר דער לכתחילה און בדיעבד, דער רישא און דער סיפא פון די תלמוד־תורה־אינסטיטוציעס ווי אויך אונזער אַלגעמיינע חינוך־סיסטעם. אָן דעם איז למה זה אנכי און מען קען אַלעס שליסן.

עס איז אָבער דייקא אין לימודי־קודש וואו עס ליגט וואָס איך רוף דעם גרעסטן חורבן פון אונזער אָפּגעפרעגטער סיסטעם. פון דעם רעדט מען נישט קיין סך ווייל דרויסנדיגע ווייסן נישט וויאַזוי אונזער סיסטעם אַרבעט און פון אינעווייניג האָט מען אָדער מורא צו קריטיקירן אָדער רעדט מען זיך איין אַז אַזוי דאַרף צו זיין. אפילו פאַר קריטיקער דאַכט זיך אַז לימודי־קודש לערנט מען יאָ געהעריג וויבאַלד מיר גיבן זיך אָפּ מיט לימודי־קודש אַזויפיל לאַנגע שעה'ן און עס איז דאָך כלומר'שט מחמת דער וויכטיגקייט צו לערנען תורה וואָס צוליב דעם פאַרמיידן מיר זיך פון לימודי־חול. דערפאַר הייב איך אָן מיט לימודי־קודש אויף צוצוקוקן וואָס דאָרט גייט פאָר און ערשט דערנאָך וועל איך זיך איבערקלייבן אויף לימודי־חול.

דער חורבן איז דאָס וואָס מען רעדט זיך איין אַז אין דער תורה און אין לימודי־קודש ליגט אַלעס וואָס מען באַדאַרף אויף אָנצופילן קינדער פון אַלע יאָרן דעם גאַנצן טאָג פון איטליכן לערנטאָג. דאָס פירט מען דורך למעשה אין די העכערע כתות פון די תלמוד־תורה'ס און אין ישיבה־קטנה'ס פאַר אינגלעך פון דרייצן און העכער וואו מען לערנט נישט קיין שום לימודי־חול און גאָרנישט חוץ פון לימודי־קודש.

אפילו ביי די יונגערע כתות וואו מען לערנט יאָ אַביסל לימודי־חול ווערט נאָך אַלץ דער בעסטער חלק פון דעם טאָג אָפּגעגעבן מיט לימודי־קודש און די לימודי־חול זענען אַ טפל־שבטפל סיי אין צייט, סיי אין דער מחשבה און כוחות וואָס מען לייגט דערין אַריין און סיי אין דעם רושם וואָס מען שאַפט פאַר די קינדער איבער זייער וויכטיגקייט. ווייל לויט די אָנפירער וואָלט אין אַן אידעאַלער וועלט געווען גענוג תורה אַליין סיי אויף וואָס אַ מענטש דאַרף צו וויסן צום לעבן און סיי אויף וואָס ס'איז נייטיג פאַר אַ קינד. נישט בלויז וואָס איז נייטיג אים אָנצואוואָפּענען פאַר זיין דערוואַקסענער צוקונפט נאָר אויך גענוג און נאָך אויף אָנצופילן ביי דעם קינד די שולצייט פון זיינע פאָרמאַטיווע יאָרן. און אָט דאָס רוף איך דעם גרעסטן חורבן.

לאָמיך אַרויסשרייבן בפירוש וואָס איך בין אויסן. די באַגרעניצטע לימודים וואָס הייסן ביי אונז לימודי־קודש קענען נישט אָנפילן און זעטיגן די נאַטירליכע נייגעריגקייט פון קינדער צו לערנען, צו אַנטדעקן און זיך צו באַקענטיגן מיט דער אַרומיגער וועלט. די תורה מיט אירע אַלע הפך בה והפך בה'ס האָט קוים אָנצופילן אויף אַ גאַנצן טאָג דעם מוח פון אַ דערוואַקסענעם וואָס וויל זיך אין דעם ספּעציאַליזירן, זיכער נישט פאַר אַן אומרואיגן צענערלינג־בחור'ל און ניטאַמאָל אַ הוה אמינא פאַר יונגע, קליינע, פרישע מוחות מיט אומגעדולדיגע קערפּערס. דאָס איז נישט קיין חסרון אין דער תורה נאָר דער פועל־יוצא פון דער מענטשליכער נאַטור.

מען קען נישט לייקענען אַז אַ בעסערער מלמד קען מאַכן דעם חומש אינטערעסאַנטער, די משנה מער קאָלירפול און די גמרא מער געשפּיצלט. ער קען אַריינוואַרפן אַ דריי אין דעם תהילים־נוסח, מער שפּאַנענדיג מאַכן אַ מעשה. ער קען אויסציען די שפּילצייט און זיין מער פרייוויליג מיט די צוקערלעך און נאַשערייען. אַ תלמוד־תורה וואָס לייגט דערין קאָפּ פּראָדוצירט אויך לערנבלעטער, בילדער און אפילו אַ לערן־פּראָגראַם (קוריקולום) פאַר איטליכן עלטער. אָבער וויפל זיי זאָלן נישט פּרואוון קענען זיי זיך נישט באַהאַלטן פון דער לאָך אינמיטן דעם בייגל.

חמשה חומשי תורה, תהילים, משניות און גמרא און וויפל פּני יהושע'ס מען זאָל נישט צולייגן פאַרמאָגן פשוט נישט דאָס וואָס מען דאַרף אויף אָנצופילן אַ שולע־טאָג, ־וואָך, ־חודש און ־יאָר. איך מיין נישט מיט דעם די אָרעמקייט פון דער וויסנשאַפט וואָס בלייבט צום סוף, כאָטש אוודאי דאָס אויך. איך רעד פון דעם אַז עס איז פשוט נישט מעגליך צו זעצן קינדער אויסגע'שורה'ט פאַר אַ מלמד פון די דריי יאָר אַלט ביז די אַכצן אָדער נייַנצן, שעה נאָך שעה, טאָג נאָך טאָג, מדי שבת בשבתו וחודש בחדשו און אַזוי יאָר נאָך יאָר, און לערנען בלויז קלאַסישע טעקסטן פון אַן ענליכן מין. דאָס מאַכט משוגע די מלמדים און צעווילדעוועט די קינדער וואָס פאַרשטייען ווייניג וואָס מען לערנט מיט זיי און גייען אויס פאַר סקוטשנעקייט פון פאַרברענגען אַזוי די צייט. און נאָר אַזוי ווערן די קינדער פאַרמיאוסט פון דעם סם־החיים נאָך איידער זיי האָבן קוים געלעבט.

ווען די טעקסטן, כלומר די ספרי־קודש, זאָלן זיין לייכט און געאייגנט פאַר קינדער וואָלט עס אויך געווען אַ פּראָבלעם ווייל אפילו אינטערעסאַנטע לערן־מאַטעריאַל קען מען אויך נאָר לערנען מיט אַ מאָס און אַ גרעניץ.

דאָ רעדן מיר אָבער פון געדיכטע טעקסטן מיט קאָמפּליצירטע לעגאַלע אָדער הלכה'דיגע קאָנצעפּטן, געדרוקט כמעט אינגאַנצן שוואַרץ אויף ווייס, אין אַ פרעמדער שפראַך און דאָס דאַרפן זיי דורכטון טאָג־טעגליך שעה'ן אויף שעה'ן אָן אויפהער. ווען מיר רעדן פון דערוואַקסענע וואָלט עס אויך אויסגעשריגן נאָך אַ לייזונג. נאָר מיר רעדן דאָ פון יונגע קינדער אין עלעמענטאַר־שולע־יאָרן וואָס כאָטש לא טעמו טעם חטא פונדעסטוועגן גיט מען זיי דאָס פון אינדערפרי ביז ביי נאַכט.

אמת, די יונגערע קינדער ברענגען אַהיים קאָלירטע שבת־צעטלעך וואָס מאַכט פאַר זיי דעם טאָג עטוואָס אינטערעסאַנטער אָבער דאָס איז איז אויך נאָר אויף געציילטע שעה'ן. און עס איז אויך נאָר גוט ביז די פינף אָדער זעקס יאָר ווייל פאַר אַ גרויס אינגל וואָס לערנט שוין גמרא איז דאָך ממש ביטול־תורה צו שטיין מיט אַ באַרשט איבער אַ פּאַליטרע פון פאַרבן.

ביי אַזאַ סאָרט געלערנעכץ הייסט אַן אינטערעסאַנטער טאָג אין חדר ווען צו מזל האָבן רב אשי און רבינא אַריינגערוקט אַ פּאָר אגדתות אין מיטן החובל אַז דאָס עלף־יעריגע אינגל וואָס איז געשטראָפט דאָס צו לערנען (ווי ער האָט מיר דערציילט) זאָל האָבן אויף וואָס אויסצוקוקן. אָדער מען דאַוונט עס זאָל שוין קומען אַ גרויסער יאָרצייט אַז די מעשיות זאָלן זיין לענגער.

וואָס בלייבט אָבער למעשה פון די אויסגעצויגענע חדר־ און ישיבה־יאָרן איז דווקא אין פאַרקערטער פּראָפּאָרציע צו די שעה'ן און צייטן וואָס מען לערנט, ווייל וואָס מער מען לייגט צו שעה'ן ווערן די קינדער אַלץ מער

צעזעצט און זאַפּן אַלץ ווייניגער איין. ביי רוב פֿאַפּוגייעט מען חומש יאָר נאָך יאָר און עס בלייבט נישט צופיל מער ווי חומש ביז שני און אפשר געדענקט מען אויך די ערשטע פּאָר רש״יס. פון שעה׳ן לאַנג וואָס קינדער פאַרברענגן איבער גמרות פון בערך ביי צען יאָר אַלט ביז בחורים ביי די אַכצן איז דער פּועל־יוצא אַז אַ חלק ניכר, אויב נישט אפילו רוב דערוואַקסענע, דאַרפן אַן אַרטסקראָל אָדער מתיבתא צו פאַרשטיין אַ שטיקל גמרא און פאַר אַ גרויסן חלק איז דאָס אויך נישט גענוג. און פון לערנען לה״ק־טעקסטן יאָרן נאָכאַנאַנד האַלט מען אין איין ווידמען פאַר דעם זעלבן עולם גמרות און מפרשים און משנה ברורה מיט פינטעלעך און אַ המבואר און המפורש אויף אַלעס פון אשרי ביז דברי יחזקאל.

ווען דאָס עם־הארצות אין סתם גמרא און ספרים זאָל זיין די איינציגסטע פּראָבלעם וואָלט נאָך געווען אַ האַלבע צרה. אַ געוואַלד מיט קינדער קענען אפילו נישט לייענען געהעריג. כלומר אין חדרים וואו קינדער לערנען נישט עפּעס אַנדערש ווי אלף־בית און געפינטלטע טעקסטן פון גאָר יונגווייז אָן אָבער דאָך וואַקסן אויף אָן אַ צאָל וואָס קענען קוים עברי. איך האָב בלויז אַנעקדאָטן און נישט שטודיעס ווייל מיר שטודירן נישט אונזערע אייגענע. מיר לאָזן אויך שווער אַריין דרויסנדיגע אויף אויסצופאָרשן ווייל מיר ווייסן וואָס זיי זענען עלול צו געפינען. אַ חבר האָט מיר געזאָגט אַז אַ ״חלק ניכר״ פון קינדער אין זיין זונ׳ס חדר קענען נישט געהעריג לייענען. דאָס האָט מיר אויך באַשטעטיגט אַ מחנך וואָס פירט אָן אַ ספעציעלן מוסד צו העלפן קינדער מיט קריאה. איך האָב מיט אים גערעדט ביי קריאת־התורה בין גברא לגברא און ער האָט זיך אויסגעדרייט און געוואָרפן מיט זיינע אויגן אַרום דעם שטיבל און געזאָגט, ״דו ווייסט וויפל מענטשן דאָ קענען נישט עברי?״

פרעג איך אייך: שולעס וואו די קינדער קומען כמעט אַלע טאָג־טעגליך, וואו די דיסציפּלין איז הויך און דרך־ארץ פאַר די לערערס פון לימודי־קודש איז שטאַרק, וואו מען לערנט מיט די קינדער לאַנגע שעה׳ן און פיל טעג און דאָך קומט אַרויס אַ ״חלק ניכר״ וואָס קען ניטאָמאָל געהעריג לייענען. און איך מיין אַז מען קען לייכט צוליגן אַז עס קומט אויך אַרויס אַ רוב מוחלט וואָס קען נישט געהעריג שרייבן נישט אויף אידיש, נישט אויף לה״ק און נישט אויף ענגליש.

איך רעד דאָ לאו דווקא פון ווייניגער אינטעליגענטע קינדער. מען זעט עס אין שול ביי קריאת התורה ווען עס גייט צו אַ בחור און צומאָל אפילו אַ

דערוואַקסענער צו זיין אַ בעל־קורא, פשוט'ע עברי קענען זיי און זיי זענען אויך געגוג אינטעליגענט אויף זיך איינצו'חזר'ן די טראָפּן פון אויסנווייניג. פונדעסטוועגן איז אָפט אַז מען קען זיי קוים פאַרשטיין ווייל זיי שלינגען די ווערטער. אַזאַ איינעם איז נישט ביושר צו פאַרגלייכן צו אַ נישט־אַנטוויקלט קינד ווייל קליינע קינדער זענען נישט באַקאַנט מיט שווערערע ווערטער. אַזוינע קענען אפשר עברי נאָר זיי זענען פשוט פירות פון אַ סיסטעם וואָס לערנט נישט געהעריג אויס צו לייענען און צו רעדן און וואָס פאַרלאָזט זיך אַז דער וואָס האָט אַ גוטן חיתוך הדיבור וועט זיך שוין אַליין אַן עצה געבן.

פיל ערגער פון דעם אַז מען זאַפּט רעלאַטיוו ווייניג איין איז דער שאָדן וואָס מען איז גורם פאַר די קינדער. פון די לאַנג־טערמיניגע תוצאות פון אַזאַ סאָרט חדר־פּראָגראַם וועל איך שפּעטער רעדן. די תיכף'דיגע תוצאות פון נישט האָבן וואָס צו טון מיט די קינדער אויף אַזויפיל שעה'ן און זיי פּיטערן צופיל פון דעם וואָס זיי קענען קוים פאַרנעמען ווייניג זענען אַז די שוואַכערע ווערן לייכט אָפּגעמוטיגט, מיט די שעפערישע האָט מען נישט וואָס צו לערנען, די שאַרפערע ווערן אויבער־חכמים נאָך איידער זיי האָבן אַ באַזיסדיגע וויסנשאַפט און די קליגערע ווערט סקוטשנע פון דער פלאַטשיגקייט פון וואָס מען מעג פרעגן און דער נאָנטקייט פון וואו ווייטער דערפון טאָר מען נישט קוקן.

און ביי די וואָס קענען קוים אָדער אינגאַנצן נישט מיטהאַלטן איז דער קאָפּ לער ווייל זיי קענען נישט איינגעמען וואָס מען לערנט מיט זיי, זייער נאַטירליכע קינדערישע נייגעריגקייט ווערט נישט געזעטיגט און זייערע נערוון ווערן אָנגעצויגן פון זיצן לאַנגע שעה'ן אויף איין פלאַץ אָן קיין באַשעפטיגונג. אַזוי אַרום קען מען זיי קאָנטראָלירן נאָר מיט פעטש, שרייען אָדער ביליגן כאַבאַר פון צוקערלעך און אַנדערע נאַשערייען, און זייער יונגע ענערגיע און די אָנגעצויגנקייט פון דער כתה האָט נישט וואו צו אַנטלויפן חוץ זיך דרייען די פיאות. און אַז דער רבי פאַרלאָזט די כתה (ווי עס מאַכט זיך ביי אונז אָפט) הייבן די קינדער באַלד אָן צו טאַנצן און שפּרינגען, און ווען מען לאָזט די כתה סוף־כל־סוף אַרויס פון דעם מלמד'ס אויפזיכט עקספּלאָדירן די קינדער ווי אַ גראַנאַט וואָס מען האָט דערפון אַרויסגעצויגן די שפּילקע.

דערנאָך אַז זיי קומען שוין אַהיים ליידן דערפון די עלטערן ווי זיי דערציילן אַז זיי שמוגלען אַריין ביי נאַכט פאַרשידענע מעדיצינען אין די געטראַנקען פון די קינדער ווייל אַנדערש זענען זיי צו ווילד און ווילן נישט גיין שלאָפן.

מען האַלט דרשות פון "פּערענטינג" און קיינער פרעגט נישט פאַרוואָס די חדרים האַלטן די קינדער אויף אַזוינע לאַנגע שעה'ן און פאַרוואָס די עלטערן מאַכן געוואַלדעס אַז מען לאָזט זיי אַהיים מיט אַ שעה צו פרי. איין חדר האָט שוין פאָרגעשלאָגן מאַכן קלאַסן אפילו אום שבת ווייל זעט אויס אַז עס איז די עלטערן צו שווער צו "קאָופּן" מיט אַזוי פיל נחת.

כדי דאָס צו לייזן ברענגען אַריין די אַזוי גערופענע מתקדמים אַרמייען פון "פּסיכאָלאָגן" און "מבינים" און חינוך־"עקספּערטן" און "מומחים" אין יעדן פעלד חוץ אַ ביסל שכל־הישר. איז לאָמיר זיין קלאָר. וואָס זיי פאַרגעסן איז אַז רוב קינדער זענען נישט "ספּעשעל נידס". רוב קינדער דאַרפן נישט קיין מבינים און פּסיכאָלאָגן זיי צו באַהאַנדלען, ווייל רוב קינדער אַז מען באַהאַנדלט זיי ווי מענטשן און נישט ווי נאַראָנים און מען פילט זיי אָן דעם מוח וועלן זיי לערנען. פאַרשטייט זיך יעדער לויט זיינע כשרונות אָבער בדרך־כלל אַז מען לערנט מיט אַ קינד הערט ער אויס און ער פּרואווט פאַרשטיין.

און הא גופא איז דער סקאַנדאַל. די פּסיכאָלאָגן זענען מוח־וואַשערס און די מחנכים זענען צום בעסטן פּייער־לעשערס און צום ערגסטן מחריבים פון גאַנצע דורות. פון די אַלע גרויסע ווערטער און סאָפיסטיצירטע טערמינען געגנב'עט פון אַ האַלבן קורס און אַ פּאָר זעלבסטהילף־ביכער זיצן די זעלבע קינדער אויסגעשורה'ט ביי די זעלבע טישן און רייסן זיך אויס די גאָרגלען צו טייטשן אַ פּסוק חומש. ביי די זעקס קענען זיי טייטשן אַז רבן גמליאל'ס קינדער זענען געקומען מבית המשתה, "פון אַ חתונה", אָבער זענען קוים פעאיג צו פאַרשטיין וואָס דאָס מיינט "משעה שהכהנים נכנסין לאכול בתרומתן". און איבער די קינדער שטייען די צעפלאַצטע מלמדים וואָס טויגן כמעט נישט צו עפּעס אַנדערש און קענען דאָס צוזאַמענהאַלטן בלויז מיט פּחד און כאַבאַר. און אַלעס ווייל קיינער וויל נישט איינזען אַז די סיסטעם איז קראַנק מרישא ועד גמירא. די מנהלים רעדן פון קוריקולומס כאילו עס איבערזאָגן מאה פעמים ואחד וועט זיי אַריינברענגען אין צווייטן יאָרטויזנט ווען אין אמת'ן וואָלט זייער סיסטעם געווען אַ שאַנדע אפילו אין זיבעצנטן יאָרהונדערט.

מיר האָבן קוים וואָס אָנגעריירט דעם ענין לימודי־חול און תורה עם דרך ארץ ווייל מיר רעדן יעצט נישט פון צוגרייטן די קינדער צו לערנען אַ פאַך און צוצושטעלן פאַר קינדער דאָס געצייג אַז זיי זאָלן קענען דורכגיין דאָס

לעבן און זיך אַליין אויסהאַלטן בכבוד ובאמונה. דאָס זענען געוויס וויכטיגע זאַכן וואָס מיר וועלן באַלד דערפון רעדן, אָבער דאָס איז פאַר די וואָס זענען גרייט איינצוזען זייער וויכטיגקייט.

מיר רעדן אָבער יעצט אינגאַנצן לדידהו. לויט די פירער און פאַרטיידיגער פון אונזער סיסטעם וואָס האַלטן אַז אין תורה צוה לנו משה ליגט אַלעס וואָס אַ אידיש קינד דאַרף צו וויסן און אַלעס אַנדערש איז צום בעסטנס איבעריג און צום ערגסטנס ביטול־תורה און אפיקורסות. זיי דאַרפן ענטפערן, וויאַזוי פילט מען אָן דעם טאָג פאַר קינדער פון דריי יאָר אַלט ווען אונזערע חדרים הייבן זיך אָן ביז דעם סוף פון זייערע עלעמענטאַר־שולע־יאָרן, און דערנאָך אין ישיבה־קטנה. און אין דער ליידיגקייט פון זייער ענטפער דאָרט שאַפן זיך אונזערע חינוך־פּראָבלעמען וואָס ווערן דערנאָך אונזערע אַלגעמיינע פּראָבלעמען.

ווייל ערגער פון אַלעס איז דער כאַאָס וואָס הייבט זיך אָן אין אונזערע חדרים און וואָס פליסט דורך די אָדערן פון אונזער גאַנצער סיסטעם. זאָגט מיר וואו נאָך קענען לערערס אַריינשפּאַצירן אין דער כתה ווען עס שמעקט זיך זיי און אַרויסשפּאַצירן לפי רוחם ווייל יעדער ווייסט ווי ביליג די צייט איז? וואו נאָך טוישט מען דעם סדר פונעם טאָג לויט די נערוון פונעם לערער ווי ביי אונז ווייל דער סדר־היום צאַפּט אויס דאָס געדולד פון לערער און תלמידים גלייך? וואו נאָך איז דער מנהג ווי ביי אונז אַז עלטערן פאָרן אין אַ פרעמדער מדינה מיט די קינדער, לאָמיר זאָגן אויף אַ חתונה, און פאַרקירן די קינדער אין דעם לאָקאַלן חדר אויף אַ פּאָר טעג? די עלטערן ווערן פטור פון זייער נחת אַז זיי זאָלן קענען גיין "סייט־סיאינג" במנוחה און פאַר דעם אינגל וואָס איז דען אַ חילוק? פרשת בהעלותך גייט איבער דער גאַנצער וועלט גלייך און פרק שנים אוחזין זעט אויך אויס דער זעלבער אומעטום. און פאַר דעם מלמד, וואָס איז דען אַ חילוק אַ אינגל אַרויף צי אַ אינגל אַראָפּ? ווייטער דעם אינגל'ס געהעריגער חדר אין זיין וואוינאָרט ווייסט אויך פון די גרויסע גליקן וואָס ער וועט שוין פאַרפעלן, איז פאַרוואָס זאָל ער נישט מיטפאָרן?

און אָט דער אַריינגעבויטער אומ'סדר פון פאַרברענגען טעג און יאָרן אָן אַ ציל און אָן אַ תכלית, אויף דעם זינגען מיר אשרינו מה טוב חלקינו. דאָס איז דער בריח־התיכון פון אונזערע אינגל־שולעס און פון אונזער גאַנצער סיסטעם. ומה יפה ירושתנו ווייל אָט דאָס ירש'ענען די קינדער ווען זיי וואַקסן אויף.

• קאַפּיטל ד׳ •

מלמדים

מען קען נישט שרייבן וועגן אונזער חינוך־סיסטעם בכלל און לימודי־קודש בפרט אָן צו דערמאַנען דעם מצב מיט מלמדים: ווער עס זוכט געוועגליך אַ מלומדות־פּאָסטן, וויאַזוי מען נעמט זיי אויף און די באַהאַוועגונג וואָס זיי באַקומען איידער זיי גייען אַריין אין אַ כיתה מיט קינדער. נאָר וויבאַלד דער מצב מיט מלמדים איז נאָך אַ פועל־יוצא פון דעם כללות'דיגן מצב פון לימודי־קודש דאַרפן מיר דאָ נישט לאַנג שטיין בלייבן. עס איז הא בהא תליא און ווען לימודי־קודש זאָלן זיין מיט שכל און פאַרשטאַנד וואָלט זיך שוין ממילא פאַרלאַנגט אַן אַנדערער קלאַס מלמד.

איידער צו זיין אַ מתחיל בגנות וועל איך זאָגן אַז עס זענען דאָ היינט פיל ענדערונגען לטובה ווען מען פאַרגלייכט עס מיטאַמאָל, כאָטש אויך נישט

אַזוי גוט ווי מען גיט אָפּט איבער. מען שלאָגט טאַקע ווייניגער און דער יונגערער דור מלמדים איז נישט אַזוי ציניש און פאַרביסן ווי אַמאָל. מען שיקט היינט מלמדים אויף קורסן, מען ברענגט רעדנערס וואָס אפילו אַז זיי זענען "מבינים" בלויז אויפן חרד'ישן פאַרנעם איז אַלץ בעסער ווי אַמאָל ווען דער מושג פון אויסלערנען אַ מלמד האָט זיך געהערט ווי אַ סתירה מניה וביה. מען לייגט אַריין פיל מער כוחות און מחשבה אין דעם ענין און אַז מען באַאַרבעט אַ נושא ווערט מען ממילא וואַך צו פּראָבלעמען און דאָס אַליין איז אַ האַלבע ישועה.

עלטערן זענען אויך נישט מעקעלעך ווי אַמאָל און אַז מען רירט אָן זייערס אַ קינד זענען זיי מער עלול צו פּראָטעסטירן. אויך די קינדער ווייסן אַז די פּאָליציי קענען אַרעסטירן אַ מלמד און דאָס גיט זיי צו קוראַזש. ווייטער די מלמדים אַליין לייענען און הערן די מעשים בכל יום אַז דאָ האָט מען איינעם אַרעסטירט און נאָך איינער מוז זיך שטעלן אין געריכט און דאָס וואַרפט אַ פּחד סיי אויף די מנהלים און סיי אויף די מלמדים אַליין. לעצטנס האָט מיר איינער דערציילט אַז אין זיין זונ'ס תלמוד־תורה האָט מען אָנגעזאָגט די מלמדים אַז טאָמער וועלן זיי שלאָגן זענען זיי אַליין און די הנהלה וועט זיי נישט פאַרטיידיגן. אַזוי ביסלעכווייז טוישט זיך די קולטור און מען זעט איין

אַז כוח איז נישט קיין מיטל נאָר מען מוז נוצן מוח און שכל צו פאַרשטיין די נאַטור פון אַ קינד וויאַזוי אים צו לערנען. און אַזוי אַרום פאַרשטייט מען אויך אַז דיסציפּלין וואָס מען וואָרצלט איין מיט גוטנס האָט ביים קינד אַ שטערקער קיום ווי ווען מען צווינגט עס אַריין מיט פּאַרכט און געוואַלד.

נאָר לאָמיר דאָס נישט איבערטרייבן. דער שטאָף פון מלמדים, כלומר דער סאָרט קאַנדידאַטן וואָס זוכן אַריין צו גיין אין דעם מלומדות־פאַך זענען פיל אַנדערש ווי די וואָס ווערן לערערס, און אַז מלמדים זענען בדרך־כלל נישט די גרעסטע תלמידי־חכמים אָדער די שאַרפסטע קעפּ איז איידל געזאָגט. עס גלייבט זיך אויך שווער אַז נאָך אַ קורס פון אַ פּאָר שעה אין די צוואָנציגער יאָרן נאָך וואָס מען האָט נישט ריכטיג שטודירט רעלעוואַנטע לימודים אין די צענער־יאָרן זאָל מען דערפון ווערן אַ פעאיגער מלמד. רוב מלמדים האָבן נישט געזען ביי זייערע אייגענע מלמדים ווי מען באַהאַנדלט געהעריג אַ קלאַס פון קינדער, איז ווי קענען זיי זיך אויסלערנען אין קורצע אַד־האָק־קורסן וואָס אַנדערע לערנען און באַהאַווענען זיך אויף דעם אין משך פון יאָרן? קוקט נאָר אָן די וועלט ווי מען קוקט אויף לערערס ווי אינטעליגענטע מענטשן וואָס גיבן אַוועק פון זייער לעבן פאַר דער צוקונפט פון דעם קומענדיגן דור כלפי ווי עס ווערט פאַררעכנט אַ מלמד ביי אונז.

מען זעט נאָך אַלץ צופיל מלמדים וואָס גייען אַריין אין דעם פאַך ווען זיי זענען יונג. זיי זעען מלומדות ווי אַ לייכטע פרנסה ווען זיי דאַרפן נאָכנישט צופיל געלט און דערנאָך אָדער בלייבן זיי שטעקן דערין ביז ווען עס איז טפלי תליא און זיי כאַפּן זיך אַז זיי טויגן נישט צו עפּעס אַנדערש, אָדער איז מלומדות פאַר זיי דער ערשטער שטאַפּל ווען זיי זוכן נאָך אַ שטעלע און זיי קענען זיך נאָך נישט מיישב זיין אין וועלכער פרנסה אַריינצוגיין. אַנדערע פּרובירן יאָ ערשט אַנדערע פרנסות און קומען אָן צום מלומדות אומגעדולדיג און פרוסטרירט אַז עפּעס אַנדערש גייט זיי נישט. און צו דער אָ פרוסטרירונג זענען נעבעך די קינדער די קרבנות. ביים רבינ'ס טיש מיט דעם לעדל פון פּאָרנט ווערט דער מלמד צום ערשטן מאָל געוואויער אַז ער איז גאָר אַ כל־יכול. יעדער קען שרייען, אַ פּראַסק מאַכט שטיל אַ כתה, אַ ציניש שטעכל מאַכט פייכט די אויגן און ווען עס איז כלו כל הקצים קען מען אַרויסלויפן און כאַפּן אַ שמועס אויפן סעלפאָן אָדער מיט נאָך אַ מלמד אין דער זעלבער קלעם.

נאָר טראָץ דעם אַלעמען זענען די מלמדים בלויז אַ תוצאה פון דער

גרעסערער פּראָבלעם. מיר דאַרפן זיך פרעגן, פאַרוואָס איז טאַקע אַזוי אַז מלומדות ציט צו די סאָרטן? דאָס רעלאַטיוו שוואַכע געהאַלט פאַר מלמדים איז טאַקע איין סיבה אָבער דאָס איז נישט אַלעס, און בפרט ביי יונגערע מלמדים וואָס זענען נישט קיין גרויסע געברויכערס. לאָמיר שוין זאָגן אַז עס זאָל יאָ זיין פויגלדיג מיט די מלמדים, איז די פּראָבלעם נאָך אַלץ נישט געלייזט ווייל די פּראָבלעמען זענען די לימודי־קודש אַליין. אַז עס איז נישטאָ קיין געהעריגע לערן־פּראָגראַם וועט עס צעפלאַצן אפילו דעם בעסטן מלמד. ממילא ווערן אַהין געצויגן בלויז די וואָס זענען צום ווייניגסטן געאייגנט דערצו. נאָר די וועלן זיך אונטערנעמען אַזאַ נישט־באַלוינענדיגע אַרבעט סיי אין געצאָלט און סיי אין צופרידנקייט.

• קאַפּיטל ה׳ •

לימודי־חול

איינגאַנצן אַן אַנדערער נושא זענען די לימודי־חול אין חסיד׳ישע תלמוד־תורה׳ס און חדרים. איבער לימודי־חול הערט מען און לייענט מען כסדר פון קריטיקער, אייגענע און אַלגעמיינע, אַקטיוויסטן אין די פעלדער, אין דער פרעסע און אין ראַטהייזער כמעט וואו נאָר חסידים וואוינען היינטצוטאָג. אונזער צד הערן מיר אויך ווען מיר פאַרטיידיגן זיך מפני המקטרגים פון אינעווייניג און פון דרויסן, אין אונזער אייגענער און אין דער ברייטערער פרעסע און מעדיע. אין די לעצטע פּאָר חדשים בפרט איז עס געוואָרן גאָר אַ דרינגענדער נושא נאָך דעם אַנומלטיגן ערב־פסחדיגן ״נס״ ווען אַ פּאָר פירער איינגאַנצן על דעת עצמם האָבן געטוישט דאָס ניו־יאָרקער געזעץ מיט

דעם איינציגסטן ציל צו פאַרמיידן געהעריגע לימודי־חול פון חסיד'ישע אינגלעך. ממילא, צי מיר זענען מודה אַז עס איז אַ פּראָבלעם אָדער אַז מיר האַלטן אַז עס איז אַ בלבול פון שונאי־ישראל, ווייסן מיר אָבער אַלע אַז די וועלט ווירבלט איבער דעם און עס איז אַ נושא וואָס מיר קענען ווייטער נישט איגנאָרירן.

ווי דער טאָג־טעגליכער מצב איז מיט לימודי־חול איז אַלעמען גוט באַקאַנט. אַלע קענען דאָס בילד פון ווייניג שעה'ן, במשך ווייניג יאָרן - בדרך־כלל צווישן אַרום זעקס און עלף יאָר אַלט און אָפט יונגער - און בלויז איינצלנע פשוט'ע נושאים ווי דער אַלפאַבעט, לייענען גאָר איינפאַכע טעקסטן, אַביסל שרייבן, פשוט'ע רעכענונגען און אַ פּאָר פשוט'ע פאַקטן. אפילו די פאַרטיידיגער פון אונזער סיסטעם וועלן נישט לייקענען אַ סך וואָס איך שרייב נאָר זיי וועלן אוודאי טענה'ן אַז די לימודי־חול וואָס מען לערנט איז גענוג און מער איז טאַקע נישט נייטיג אויב ס'איז בכלל מותר.

עס איז פונדעסטוועגן וויכטיג דאָס אַביסל צו פאַרברייטערן וויבאַלד אפילו ביי אונז אַליין פאַרגעסט מען אָדער מען וויל נישט משים לב זיין ווי ווייט עס האַלט. ווען מען זאָגט אַז קינדער קענען נישט לייענען אָדער שרייבן געהעריג ווייסט יעדער וואָס דאָס מיינט און כשלעצמו איז עס אוודאי אַ געפערליכע זאַך. און ווען מען זאָגט אַז מען לערנט קוים חשבון מיינט עס אַז זיי לערנען קוים צו ציילן און זיי קענען נישט מולטיפּליקאַציע אפילו ביי די איינצלנע נומערן. און ווען מען זאָגט אַז מען לערנט נישט מיט זיי וויסנשאַפט אָדער היסטאָריע מיינט מען אַז זיי קענען זיך נישט אויס ווי קינדער אין זייערע יאָרן וואָלטן געדאַרפט צו קענען.

וואָס מען פאַרגעסט אָבער איז אַז ווען מען רעדט פון נישט לערנען לימודי־חול מיינט עס אַז אין גאַנצע תחומים לערנען די אינגלעך אַבסאָלוט גאָרנישט. זעראָ. נאַדאַ. איך באַצי מיך דאָ צו די לימודים און אַקטיוויטעטן וואָס מען לערנט און מען טוט אין אַ נאָרמאַלער שולע און וואָס זענען אַ פונדאַמענטאַלער חלק פון דערוואַרטע סטאַנדאַרטן אין עלעמענטאַר־שולעס כאָטש מען לערנט זיי נישט ביי אַ לערנטיש מיט אַ בוך. איך מיין אַזוינע זאַכן ווי פאָרמען (shapes), פאַרבן, די חלקי־הגוף, געזונט, היגיענע, גערמען, אַלערגיעס, זיך פוצן די ציין, קאָמוניקירן מיט אַנדערע, עקאָנאָמיע, די "ענווייראָנמענט", ספאָרט, מאָלן (חוץ קאָלירן די שבת־צעטלעך), קאָכן, באַקן, אַנאַליזירן אַ בילד, גיין אויף אַ וויזיט אין מוזעאומס און אַנדערע

אינטערעסאַנטע פלעצער, און כל־מיני ענליכע אַקטיוויטעטן וואָס יונגע קינדער לערנען און פאַרברייטערן זייער מוח דורך שפּיל און אַקטיוויטעטן.

אַ סך ווייסן אפילו נישט די צאָל שטאַטן אין זייער אייגענער מדינה אָדער קוים צו זאָגן פון אַנדערע מדינות (אויסער פון דאָרט פון וואַנען חסידים שטאַמען) - אַ תלמיד פון אַ חדר האָט מיך אַמאָל געפרעגט וואָס דאָס מיינט "אַרגענטינע" - וואָס איז דער באַדייט פון אַ רעגירונג, פאַרוואָס עס מוז זיין און וויאַזוי עס אַרבעט (חוץ אַז ביי וואַלן דאַרף מען שטימען פאַר דעם היימישן קאַנדידאַט), וויאַזוי עס ווערט אַ דונער אָדער אַ בליץ (חוץ אַז דער רבי רוקט אַראָפּ זיין אַרבל אויף דער האַנט צו לייגן אויפן קאָפּ און מאַכט אַן "עושה מעשה בראשית"). זיי לערנען גאָרנישט וועגן קאָמפּיוטערס חוץ אַז זיי זענען אסור בתכלית האיסור. אמת, זיי ווייסן פון גוסס'ן ווייל דאָס שטייט אין גמרא, און זיי ווייסן פון חברה קדישא ווייל יעדער האָט דאָרט אַ פעטער, אַ זיידן, אַ שכן צי וועמען. אָבער פון לעבן, פון נאַטור, פון ביימער און בלומען, אָטעמען און די פינף חושים, קונסט און מוזיק, ווייסן זיי כמעט אָדער אינגאַנצן גאָרנישט. אין אַ סך פעלער ווייסן זיי אפילו נישט די חדשים פון יאָר און די פיר סעזאָנען.

די סאָרטן לימודים קומען אינגאַנצן נישט אונטער דער רובריק פון לימודי־קודש וואָס איז בלויז פאַר ספרי־קודש און אידישקייט. אָבער אויך קומען זיי נישט דירעקט אונטערן קעפּל פון וויסנשאַפט אָדער "לימודים" ווי מען פאַרשטייט אין אַלגעמיין דאָס וואָרט. דאָס ביסל לימודי־חול איז

געצילט אויף לייענען, שרייבן, חשבון און אַ פּאָר פשוט'ע פאַקטן אויף גאָר אַן איינפאַכן אופן, אָבער אַז רויט איז רויט און בלוי איז בלוי איז דאָך פשיטא און ווער דאַרף עס דען לערנען? אַז חלקים פון גוף לערנט מען אויס דורך זינגען קינדערגאָרטן־לידער ווי "העד, שאָולדערס, ניז ענד טאָוס" קען מען דאָך דאָס נישט ביי אונז ווייל מיר מעגן נאָר זינגען "שִׁבְתִּי" און "ותן בנו". אַז פאַרבן און בלומען לערנט מען מיט אַ ליד פון רויטע רויזן און בלויע וויאָלעטן שמעקט עס דאָך פון ליבע און יעדער ווייסט שוין וואו אַהין דאָס קען פירן. אונזערע קינדער מעגן אויך נאָר זינגען לידער איבער לשון־הרע ווי איידער בטל'ענען צייט מיט נאַרישקייטן ווי האָמפּטי דאָמפּטי. טשיקן ליטל'ס "יראת־שמים" הייסט אין אונזערע חדרים דברים בטלים און צו לייכטזיניג פאַר אונזערע פיצלעך.

מיר פאַרשטייען "לערנען" אַ שטייגער וויאַזוי מען לערנט לימודי־קודש, כלומר ביי אַ לערנטיש און אַן אָפענעם ספר, און חידושים אָן אַ שיעור. לעומת דעם לערנען דורך שפּיל, לערנען דאָס וואָס "פאַרשטייט זיך אַליין" און לערנען זאַכן וואָס זענען נישט אינגאַנצן אַקאַדעמיש הייסט ביי אונז גע'בטל'ט צייט כאָטש אַז די קינדער דאַרפן דאָס אויך צו וויסן. אַ מנהל האָט מיר דערציילט שפּעטנדיג אַז ביי אים אין תלמוד־תורה האָט ער זיך אַמאָל צוגעקוקט ווי אַ לערער האָט אַרויסגענומען די קינדער אין הויף און מיט זיי געשפּילט אַ שפּיל וואָס האַנדלט זיך מיט נומערן כדי זיי אויסצולערנען חשבון. זאָגט מיר דער מנהל, אַז די לערערס פאַרשטייען נישט אונזערע קינדער און ער וואָלט דאָס געקענט אויסלערנען אין אַ פערטל פון דער צייט אָן די אַלע פאַטענטן.

ווייטער דאָס ביסל וואָס מען לערנט שוין יאָ אין לימודי־חול באַשטייט טאַקע פון דעם מינימום פון לייענען, שרייבן און חשבון. אָבער מיר ווייסן אפילו כלפי דעם די רעלאַטיווע אומוויכטיגקייט פון די לימודים אין די אויגן פון די אָנפירער פון די מוסדות און ווי לייכטשעציג עס איז בפרט ביי די מלמדים צו ווען די קינדער קוקן אַרויף און וואָס באַאיינפלוסן די קינדער. די מלמדים האָבן מורא אַז פאַר די קינדער וועלן אפשר מער געפעלן די וייכערע לערערס און דער אינטערעסאַנטערער לערן־מאַטעריאַל.

צום באַדויערן קומט דער זלזול צו לימודי־חול אין אַ סך פעלער פון די טאַטעס וואָס אָפּט האַלטן זיי עס נישט חשוב ווייל זיי אַליין קענען עס אויך נישט. צומאָל איז עס אין דער כתה אַליין ביי די יונגע "צדיקים" און דאָס גייט אַריבער צו די אַלגעמיינע קינדער. די קינדער באַנעמען זיך שוואַך ביי די

קלאַסן און זיי פּאָלגן נישט נאָך מיט אַן ערנסטקייט ווייל זיי ווייסן אַז דער שטראָף פון שטערן ביי אַן ענגליש־קלאַס איז אינו דומה צו זיין חוצפּה'דיג צו אַ מלמד. די קינדער זענען אויך נישט קיין נאַראָנים און זיי זעען ווי ווייניג כבוד מיר גיבן דאָס אַלעס אָפּ. איך האָב נאָכנישט געהערט אַז אַ חדר זאָל האַלטן אַ חלוקת הפּרסים פאַר קענען גוט אויסלייג אָדער פאַרן קענען די מולטיפּליקאַציע־טאָוולען אָדער אַז קינדער זאָלן אַריינגיין צום רבי'ן ווייל מען האָט געשריבן דעם בעסטן עסיי (חוץ פון דעם וואָס מען שרייבט בכלל נישט קיין עסייען).

אָט דער מצב פון לימודי־חול אַז מען ציט אַזוי אויף גאַנצע דורות אָן דער מינדסטער מעגליכקייט צו קענען אַרויסגיין אויף דער וועלט אויף צו פאַרדינען און אפילו נישט צו קענען געהעריג רעדן און שרייבן און אָן צו זיין באַקאַנט אין פשוט'ן פאַרשטאַנד ווי אַ מענטש צווישן מענטשן איז נישט ווייניגער ווי קרימינעל. מען גזל'ט צו ביי די קינדער זייער יוגנט און זייער עלטער. וואָס איך האָב אויבן געשריבן איבער צוריקגעהאַלטענער ענערגיע ביי לימודי־קודש חזר'ט זיך איבער ווידער ביי לימודי־חול ווען מען זיצט ווייטער ביים לערנטישל, איבערגעבויגן איבער ביכער און מיט ווייניג פיזישע באַוועגונגן וויבאַלד ספּאָרט הייסט דאָך נישט "אידיש". מיט אַזוינע שוואַכע פאַרמעסטונגען און קענטעניש ווערן די מוחות פון די קינדער איינגעשלעפט נאָך איידער זיי האָבן ריכטיג אויפגעלעבט און זייער אינטעליגענץ ווערט קיינמאָל נישט ריכטיג אַנטוויקלט. אָט אַזוי אַרום באַרויבט מען פון די קינדער סיי די קינדער־יאָרן און סיי די געלעגנהייט צו דערגרייכן זייער פולן פּאָטענציאַל אין לעבן און אויסצונוצן זייערע אינדיווידועלע טאַלאַנטן ווען זיי ווערן עלטער.

דאָס גרעסטע הימל־געשריי איז נאָך ווען מען פאַרגלייכט דאָס אַלעס מיט דעם לעבנס־שטייגער פון די עלטערן ווי איך האָב אויבן געשילדערט. זאָגט מיר צי עס איז דאָ נאָך ערגעץ אין דער וועלט וואו די עלטערן לעבן אַזאַ ערשטוועלטיג לעבן און די קינדער ווערן דערצויגן אַזוי דריטוועלטיג. וואו עלטערן פאַרגינען זיך דאָס בעסטע פון דער מאָדערנער וועלט און די קינדער שיקט מען צו פאַרברענגען אין שולעס ווי ערב דער אינדוסטריעלער רעוואָלוציע.

• קאַפּיטל ו' •

לימודי־חול אויף פרנסה

ווי איידער אַרומצורעדן די עוולות איז ענדערש צו דערקלערן פאַרוואָס לימודי־חול זענען וויכטיג און אַז מען ווען דאָס פאַרשטיין וועט עס האָפנטליך גורם זיין אַ פאַרבעסערונג אין דעם מצב בכללות. צו דעם לאָמיר פרובירן מסכים זיין אויף אַ פּאָר פשוט'ע פרינציפּן. מען דאַרף לערנען מיט קינדער לימודי־חול כדי ווען זיי ווערן עלטער זאָלן זיי זיך קענען אויסהאַלטן מיגיע כפם. דאָס ווערט שוין אַנערקענט אין דער גמרא:

תנו רבנן: האב חייב בבנו למולו, ולפדותו, וללמדו תורה, ולהשיאו אשה, וללמדו אומנות.[1]

1. קידושין כט, ע"א.

אַ טאַטע האָט פאַרשידענע חיובים צו זיין זון און אַריינגערעכנט אין זיי איז אים אויסצולערנען אַ פאַך. היינטצוטאָג ווערט אין דעם אַריינגערעכנט די לימודים פון לימודי־חול ווייל אָן זיי קען מען נישט ערנסט לערנען קיין שום פאַך. די גמרא לערנט עס אַרויס פון דעם פסוק, "ראה חיים עם אשה אשר אהבת," אַז אָדער איז לערנען אַ פאַך אַזוי וויכטיג ווי חתונה האָבן אָדער גאָר ווי לערנען תורה. אין ירושלמי[2] לערנט מען אַרויס ללמדו אומנות פון דעם פסוק, "ובחרת בחיים," כלומר מיר רעדן דאָ פון לעבן אַליין.

די גמרא ברענגט אויך צו:

> רבי יהודה אומר: כל שאינו מלמדו אומנות - מלמדו ליסטות. ליסטות סלקא דעתך? אלא, כאילו מלמדו ליסטות

ר' יהודה זאָגט אַז דער וואָס לערנט נישט אויס זיינע קינדער אַ פאַך איז כאילו ער וואָלט זיי אויסגעלערנט רויבעריי. ווי רש"י איז מסביר אַז ער האָט נישט אַ פאַך וועט אים פעלן צו עסן און ער וועט באַראַבעווען מענטשן.

דאָס איז אָבער נישט אַלעס און פרנסה איז נישט די איינציגסטע סיבה. מען דאַרף אויך לערנען מיט קינדער אויף זיי צו געבן אַ פאַרשטאַנד פון דער וועלט וואָס זיי באַזעצן כדי זיי זאָלן זיין פראָדוקטיווע, קענטענישע בירגער ווען זיי וואַקסן אויף. די אויבן דערמאַנטע ברייתא ווערט געברענגט אויף עטליכע פלעצער און אויף איין פלאַץ איז טאַקע צוגעלייגט צו די פליכטן בשם רבי "אף ישוב מדינה".[3]

אויסער דעם דאַרף מען אויך זעטיגן די קינדער זייער נאַטירליכע נייגעריגקייט, צו אַנטוויקלען זייערע פרישע מוחות און אויף זיי צו געבן אַ געלעגנהייט טועם צו זיין פון אַ ברייטן אויסוואַל פון וויסנשאַפט, פאַרשטאַנד און שעפערישקייט אַז זיי זאָלן קענען אַליין דערטאַפּן צו וואָס זיי האָבן אַ נאַטירליכע נייגונג. אַז דאָס זענען סיבות פאַרן יחיד איז אויך דאָ דערין אַ ציבור'ישע סיבה: אויף צו האָבן אַ פאַרשטענדליך פאָלק. אַן עם חכם ונבון ווי איידער אַ גוי נבל.

אַ סך פון דעם וואָס איך שרייב איז גאָרנישט קיין חידוש און די זענען צילן וואָס מען שטרעבט דערצו אין דער גאַנצער וועלט כמעט אָן אַ יוצא־

2. ירושלמי קידושין א, ז
3. מכילתא דר' ישמעאל בא, פרשה יח

מן־הכלל אויף אַזוי אויפצוציען קינדער. אין רוב געזעלשאַפטן איז עס פון די פונדאַמענטאַלסטע יסודות אויפצוציען קינדער צו זיין נוצליכע בירגער. אין "דער קאָנווענץ אויף די רעכט פון אַ קינד" פון דער יו־ען (UN Convention on the Rights of the Child) איז דאָס אויך אַנערקענט פאַר אַן אוניווערסאַלן רעכט ביי אַלע פעלקער פון דער וועלט אַז יעדעס קינד זאָל געבילדעט ווערן צו קענען אָנקומען צו זיין אָדער איר פולן פּאָטענציאַל. ביי אונז אָבער זאָגן מיר דריי מאָל אַ טאָג "אתה חונן" און מיר קענען זיך נישט פאַרגלייכן איבער "חכמה בינה ודעת" אָדער "דעה בינה והשכל" נאָר פונדעסטוועגן דינגען מיר זיך אויף אַזוינע פשוט'ע זאַכן. ממילא מוזן מיר שטיין בלייבן אַ ביסל און זיך אָפּגעבן צו באַטראַכטן און פאַרענטפערן אָפט געהערטע טענות איבער דעם ענין.

לאָמיר אָנהייבן מיט דער עקאָנאָמישער טענה ווייל דאָס הערט מען צום מערסטן און דאָס איז אויך ס'רוב אוטיליטאַריסטיש, כלומר תועלת'דיג און תכלית'דיג. עס איז אַ דבר פשוט אַז אַן עקאָנאָמיע, נישט קיין חילוק צי אַ גרויסע נאַציאָנאַלע עקאָנאָמיע צי אַ קליינע לאָקאַלע עקאָנאָמיע, מוז האָבן געלערנטע, וויסנשאַפטליכע און פאַרשטענדליכע מענטשן. דאָס איז בפרט אין די היינטיגע אינפאָרמאַציע־ און באַדין־עקאָנאָמיעס (service-economy) אָבער אויך אין עקאָנאָמיעס ווי אין ווייטן מזרח, אין כינע און אין אַנדערע פלעצער וואָס זענען מער באַזירט אויף פאַבריצירונג. דאָס איז אַ מילתא דפשיטא און אַ געהעריגע פּראָדוקטיווע מדינה קען בכלל נישט אַנדערש פונקציאָנירן. נישט אומזיסט געפינען זיך די בעסטע אוניווערסיטעטן אין דער וועלט אין אַמעריקע און אייראָפּע וואו די מדינות זענען שטאַרק מצליח עקאָנאָמיש. אין אַזיע היינטצוטאָג וואו עקאָנאָמיעס שטייגן צוביסלעך איבער דער מערב־וועלט ווייזט זיך טאַקע אויס אַז אין אַ סך פעלער שטייען דאָרט די קינדער פיל העכער אין מאַטעמאַטיק און וויסנשאַפט ווי ביי אונז. ווי עס איז ביים כלל אַזוי איז ביים פרט, און אויף מצליח צו זיין אין דער וועלט אין פרנסה מוז מען בדרך־כלל לכל־הפחות קענען די שפּראַך אויף זיך אויסצודריקן סיי בעל־פה סיי בכתב, חשבונ'ען אויף אַ געוויסן סטאַנדאַרט און האָבן כאָטש אַ פשוט'ן פאַרשטאַנד אין דער אַרומיגער וועלט. און וואָס מער דאָס קענטעניש זענען בדרך־כלל אַלץ מער די געלעגנהייטן.

אין אונזערע חסיד'ישע קרייזן זענען אָבער דאָ אַזעלכע וואָס רעדן זיך איין אַז דאָס קערט זיך אַלעס גאָרנישט אָן מיט אונז. מיר האָבן אַן אייגענע

עקאָנאָמיע און מיר קענען משנה זיין די סדרי בראשית און זיך אויסהאַלטן פון זיך אַליין אָן דעם אַלעם. עפּעס אַזאַ בחינה פון לכו והתפרנסו זו מזו. זייער טענה איז אַז צו זיין אַ געוועלב־האַלטער, אַ שייטל־מאַכער, אַ ציצית־פאַבריצירער, אַן עסנוואַרג־פּראָדוצירער און ענליכע היימישע פרנסות דאַרף מען נישט צופיל בילדונג און די פּאָר בריוו וואָס מען דאַרף שרייבן צי אַנדערע זאַכן קען מען בעטן די פלונית'טע אָדער אַנשטעלן עמיצן. אַז דאָס טויג פאַר ר' ישראל טויג עס אויך פאַר כלל־ישראל, און פאַר דעם וואָס איז באַשערט און מאַכט אַ השתדלות וועט שוין ווערן. זיי צייגן אויך אויף אונזערע גבירים און אַ היפשע צאָל פון שיינע מוצלחים וואָס פירן גרויסע ביזנעסער, און אַז אַנדערש ווי די שוואַרץ־זעער וואַרפן זיך למעשה ביי אונז מיליאָנען. ביי אונז אַנטלויפן נישט די גבירים צו נייע וואוינערטער ווי־נאָר זיי פאַרדינען אַ פּאָר גרייצער, און זיי און זייער געלט בלייבן ביי אונז און אַלע נאַשן מיר דערפון. סיי דורך זייער פזרנות אין די קלייטן און סיי דורך זייערע צדקות פאַר אונזערע מוסדות און פאַר יחידים.

די טענות זענען נישט אָפּגעשלאָגן מכל וכל, נאָר זיי זענען בבחינת כל שקר שאין מקצת אמת בתחילתו אינה מתקיימת. יעדער קליינער האַנדלסמאַן מוז האָבן הונדערטער קונים, און ווי די גמרא זאָגט אַז די חכמי־ישראל האָבן טאַקע געענטפערט פאַר דוד המלך אויף אַזאַ טענה, אין הקומץ משביע את הארי ואין הבור מתמלא מחוליתו. אונזערע באַדערפענישן פון גרויסע פאַמיליעס, גרויסאַרטיגע שמחות און גאָר אַ סך פּריוואַטע שולעס

און אַנדערע מוסדות, און ווער רעדט נאָך פון נצרכים, קענען זיך נישט אויסהאַלטן פון די רעלאַטיוו ווייניג אידישע פרנסות און פון אַ פּאָר גבירים. די גבירים קענען טאַקע שטיצן און אויסגעבן אָבער זיי וואַקסן נישט אין צאָל און אין פאַרמעג פראָפּאָרציאָנעל צו אונזער דעמאָגראַפישן אויפרייס.

דערצו איגנאָרירט דער אַרגומענט דעם לחלוטינ'דיגן בטחון וואָס מיר האָבן נישט אין דעם באַשעפער און נישט אין גבירים נאָר אין דעם שלל רעגירונג־בענעפיטן וואָס מיר זענען אויף זיי מומחים אויסצומעלקן בהיתר ובאיסור, בנחת ובצער. ביי אונז איז טייטש "כי לא על הלחם לבדו יחיה האדם", מיר דאַרפן בענעפיטן אויך. סיי געשעפטסלייט און סיי גבירים ביז ווי לאַנג זיי שטייען אויף די אייגענע פיס פאַרלאָזן זיך אַלע אויף בענעפיטן קודם־המעשה. און אויף לאחר־המעשה זענען אַ רעלאַטיוו גרויסע צאָל פון אונזערע היימישע געשעפטן און ביזנעסער "שוואַרצע" געשעפטן וואו עס ווערן נישט געפירט קיין אָפיציעלע ביכער און דאָס ערמעגליכט נאָך בענעפיטן אפילו ווען מען פאַרדינט שוין. אַז די פאַרדינסטן זענען "אָפיציעל" נידעריג שפּאָרן מיר זיך אויך איין צו צאָלן שטייערן אינגאַנצן אָדער למחצה לשליש ולרביע. ממילא דער דבר המעמיד פון אונזער אומוויסנשאַפטליכער ווירטשאַפט איז נישט אידישע גאונות וואָס דרייט איבער דעם דרך־הטבע, נאָר אונזערע הכנסות וואָס קומען פון די שטייערן פון אונזערע לאַנדסלייט וועלכע אַרבעטן שווער אַז מיר זאָלן קענען זיצן על התורה ועל העבודה פון דעם עלטער פון דריי יאָר.

אַז מען וויל זיך איבערצייגן ווי גרויס איז דער חורבן און ליגנט פון אונזער כלומר'שטן עקאָנאָמישן עצה־געבעריי דאַרף מען נאָר אַ קוק טאָן אויף די ציפערן פון פאַרדינסטן און בענעפיטן־געניסערס בתוכינו. דער עיר שכולו חסידים, שיכון סקווירא, אָדער "ניו סקוועער", איז לויט אַן אַנומעלטער פאָרשונג די אָרעמסטע שטאָט אין גאַנץ אַמעריקע.[4] כלומר אין אַ מדינה פון בערך דריי הונדערט פינף און צוואָנציג מיליאָן מענטשן איז אַ קיבוץ פון אַ קנאַפּע אַכט טויזנט חסידים דער אָרעמסטער פון אַלע. אַז קנאת סופרים תרבה חכמה זעט אויס אַז קנאת חסידים תרבה אָרעמקייט ווייל מיט אַ פּאָר יאָר צוריק האָט דער כבוד געהערט צו קרית יואל,[5] אַ שטאָט פון בערך פינף

4. "יו עס עי טודעי", מאַי 8, 2018
5. "ניו יאָרק טיימס", אַפּריל 21, 2011

און צוואָנציק טויזנט חסידים. היינטצוטאָג איז קרית יואל אויך נאָך אַלץ דער צווייט אָרעמסטער יישוב אין גאַנץ ניו יאָרק.[6] דאָס איז אויך נישט פון היינט, און שוין אין 1975 זענען געווען אין סקווירא די שוואַכסטע פאַרדינערס פון גאַנץ ניו־יאָרק.[7]

קומט אויס לפי דעם אַז מיט אונזערע אַלע מאַגנאַטן, גבירים, געוועלבן און די אַלע געשעפטלעך און פרנסות פון וואו אחב"י ציען כלומר'שט חיונה איז נישט נאָר אַז מיר זענען נישט מקיים "אפס כי לא יהיה בך אביון", נאָר מיר פראָדוצירן גאָר אביונים מער ווי איבעראַל. און נישט סתם מער נאָר די מערסטע פון אַלע.

אַ פיקח אחד וועט אַוודאי לאַכן אַז דאָס זענען סך־הכל אָפיציעלע פאַרדינסטן און ציפערן פון "פוד סטעמפס" וכדומה, אָבער למעשה זענען זיי דאָרט גאָרנישט אַזוינע קבצנים, און בפרט אין קרית יואל. גייט קוקט אויף די קאַרס וואָס זיצן אין פאַרקיר־שטחים און די הייזער וואו זיי וואוינען מבית ומבחוץ, וועט ער (געוועגליך אַן ער) טענה'ן, וועט איר זען אַז זיי פאַרמאָגן היפש מער ווי אַ צעקת הדל. נו, פרעג איך אייך, און ממילא? הייסט עס מען פרעגט מיך אָפּ אַז זיי זענען נישט באמת אָרעמעלייט נאָר גנבים און שקרנים. און דערפאַר איז מיין טעזע אָפּגעשלאָגן מכל וכל ווייל די מוסדות הקדושים ציען אויף בלויז רויבערס אָבער פאַרדינערס זענען זיי, גאָט צו פאַרדאַנקען, אַלע שיינע בעלי־בתים. און הייסט עס אַז איך צוזאַמען מיט דער גמרא פון מלמדו ליסטות קענען בלייבן מיט דער צונג אינדרויסן.

אָט אַזאַ פנים האָבן די אַלע טענות פון די וואָס קענען נישט און ווילן נישט זען דאָס וואָס שיינט זיי אין די אויגן. ווייל היש לך ליסטות גדולה מזו? דאָס מיינט טאַקע די משנה "וכל תורה שאין עמה מלאכה סופה בטלה וגוררת עון", ווי רש"י און דער רמב"ם זאָגן אַז מען האָט נישט צו עסן באַרויבט מען ביי אַנדערע.

אַז מען קוקט אָבער ברייטער זענען די טענות סיווי פיל מער לעכעריג. נישט יעדער איז פעאיג אָדער וויל זיין אַ סוחר, אַ סעילסמאַן, האַלטן אַ קלייט, אַ מלמד אָדער אַן עסקן. וואָס איז מיט אַרכיטעקטן, אַדוואָקאַטן, אינזשענירן, דאָקטוירים, פילאָטן, פיזיקער און אַלע אַנדערע פראָפעסיעס אין וואָס מען קען סיי מצליח זיין און סיי שפירן אַ צופרידנקייט אַז מען נוצט די אייגענע

6. זעט דעם באַריכט אויבן פון "יו עס עי טודעי".
7. "ניו יאָרק טיימס", יולי 18, 1975.

טאַלאַנטן און כשרונות צו שטייגן אין לעבן? אַז מיר זענען טאַקע אַזוי מצליח מיט אַזוי ווייניג לערנען וואָלטן מיר דאָך געקענט איינגעמען די וועלט ווען מען זאָל געהעריג לערנען און די געלעגנהייטן וואָלטן געווען טויזנט מאָל ברייטער און מער פאַרשפרייט. פרעגט אויך די מוצלחים צי עס שטערט זיי נישט אַז זיי קענען ווייניג און צי עס האַלט זיי נישט צוריק און זיי ציען מיט די פלייצעס אַז מען גיט זיך אַן עצה. אַ סך זענען טאַקע שטאָלץ, און מיט רעכט, אַז זיי קומען אויס און זענען מצליח טראָץ זייערע באַגרעניצונגען. פרעגט אָבער פאַרוואָס די באַגרעניצונגען זענען דאָרט לכתחילה און צי זיי וואָלטן נישט געקענט באַשטיין יאָ בעסער צו קענען און צום בעסטן ווערט מען ענטפערן מיט דעם שיינעם מעשה'לע פון דעם גביר וואָס מען האָט נישט געוואָלט אָננעמען אַלץ שמש ווייל ער האָט נישט געקענט שרייבן.

נאָך אַן אָפט געהערטע טענה איז אַז תורה שאַרפט אויס דעם מוח פונקט ווי אַ קאַלעדזש־דיפּלאָם און ממילא פונקט ווי אַ סך פון די אַקאַדעמישע לימודים זענען נישט למעשה'דיג און לשם אַ פאַך און דאָך זענען גראַדואַנטן מער מצליח, אַזוי אויך דאַרף תורה נישט זיין אַנדערש. עס ליגט טאַקע אין דעם אַן אמת און איך וועל מיך אָפּגעבן דערמיט מער באריכות שפעטער. נאָר לגבי פרנסה איז די טענה גאָר אַ שוואַכע און אויבערפלעכליך.

ראשית־כל, דער פאַקט אַז מען קוועטשט לאַנגע שעה'ן במשך פילע יאָרן איבער אַ גמרא איז נישט קיין תירוץ אַז מען זאָל נישט קענען געהעריג שרייבן אויף קיין שום שפראַך ווי עס טרעפט זיך ביי אפילו אַ סך פון די לומדים. עס איז אויך נישט קיין תירוץ נישט צו קענען אפילו רעדן געהעריג ענגליש און רעכענען און זיך אַרומדרייען ווען מען איז עלטער מיט קוים דעם וואָקאַבולאַר פון אַ צוועלף־יעריג אינגל. אויסער דעם, אַז מען קוקט זיך אום זענען די מוצלחים אין ביזנעס גאַנץ אָפט פון די שוואַכערע לערנער און צומאָל עם־הארצים גמורים. דייקא די וואָס זענען ווייניגער מצליח אין לערנען גייען געוועהנליך אַרויס אין מסחר. אַזוי אויך פאַרקערט - די וואָס שאַרפן זיך אויס די קעפּ אויף גמרא זענען אָפט מיט אַ מער אַקאַדעמישער נייגונג און גאָרנישט די שאַרפע ביזנעסקעפּ וואָס מען פאַרקויפט זיי צו זיין. תורה וגדולה במקום אחד איז אַ טיטל טאַקע פאַרדעם ווייל עס מאַכט זיך נישט פון זיי צופיל.

עס איז אויך דאָ אַ געוויסע סתירה ווען אַמאָל טענה'ט מען אַז דער ציל איז

תורתו אומנתו ווייל קינדער דאַרף מען צוגרייטן צו והגית בו יומם ולילה און פרנסה וועט שוין קומען פון הימל. ווייטער ווען עס לוינט זיך טענה'ט מען אויף פאַרקערט, אַז תורה גרייט צו דער קאָפּ פונקט ווי לימודי חול און ממילא איז תורה גאָר אַ בְּמקום פאַר לימודי־חול.

די טענות זענען זיך אָבער סותר. ווייל אויב מען לערנט תורה ווייל כי הם חיינו און אַז מען האָרעוועט אין תורה און מען האָט בטחון וועט גאָט צושטעלן דעם רעשט, הייסט עס אַז די תורה איז נישט אַנשטאָט לימודי חול נאָר תורה מוז מען לערנען ווייל עס איז אַ מצווה. און פאַרדעם דאַרף מען זיך דערין פלאָגן אפילו אַז מען האָט נישט דערפון מער ווי "איזהו מקומן של זבחים".

ווייטער אויב איז די טענה אַז תורה איז טאַקע יאָ אַנשטאָט לימודי־חול און מיט תורה קען מען קונה זיין אַלע אַנדערע ידיעות, הייסט עס אַז מען לערנט תורה טאַקע אויפצוצוגרייטן צו אַ לעבן פון פרנסה. נאָר לפי דעם טאָמער וועט אויסקומען אַז מען קען זיך מער אויסשאַרפן געוויסע חושים און טאַלאַנטן מיט לימודי־חול און ביי דעם קען מען זיך אויך מער אויסברייטערן די ידיעות און פאַרשטאַנד וועלן די אַפּאָלאָגיסטן בעל־כרחך מוזן מודה זיין צו אונז און זיך באַלד זעצן האָרעווען אויף אַלגעבערע און צו פאַרשטיין די־ען־עי.

נאָך מער, די טענה אַז תורה גרייט צו צו פרנסה, אפילו ווען עס זאָל זיין אמת, איז אויך פיין און וואויל פאַר אַדוואָקאַטישע קעפּ. פאַר זיי קען טאַקע זיין אַז דיני־תורה איז נישט אַנדערש ווי דער אַקאַדעמישער חלק פון

אַלגעמיינע ציווילע און קרימינעלע געזעצן פון דינא־דמלכותא. ווי די גמרא זאָגט טאַקע הרוצה שיחכים יעסוק בדיני ממונות, דאָס הייסט אַז געוויסע מסכתות און סוגיות שאַרפן אויס דעם קאָפּ און אַנטוויקלען דעם מוח, און די שאַרפקייט קען מען דערנאָך אויסנוצן צו אַנדערע זאַכן.

די פּראָבלעם איז נאָר אַז נישט יעדער איז אַ בעל־כשרון צו זיין אַ צוקונפטיגער אַדוואָקאַט מיט אַ פעאיגקייט צו קאָמפּליצירטע טעקסטן און אַקראָבאַטישע גג־על־גג פּלפּולים. בשעת ווען אין דער אַלגעמיינער וועלט איז דאָ אַ ברייטער אויסוואַל פון מעדיצין, פיזיק, כעמיע, היסטאָריע, ליטעראַטור, סאָציאַלער וויסנשאַפט און נאָך הונדערטער פעלדער פון וויסנשאַפט וואָס יעדעס איינע צווייגט זיך ווייטער אויס אויף נאָך הונדערטער אופנים, איז פאַרן חדר־אינגל, דעם ישיבה־בחור און דעם כולל־יונגערמאַן דאָ בלויז איין שטראָז פון געזעצן און דער אויסוואַל איז אינגאַנצן אין וועלכער צווייג פון די געזעצן. וויבאַלד אַ סך פון די געזעצן זענען נישט נוגע צו אונזער מאָדערנעם לעבן זענען אויך די לימודים ענליך באַגרעניצט, אַזוי אַז אַ גרויסער חלק האָט נישט קיין שום פּראַקטישע נוץ.

איז לפי דער טענה אַז די גמרא שאַרפט אויס פונקט ווי אַנדערע בילדונג, וויאַזוי וועלן זיי באַשעפטיגן די בעלי־כשרונות וואָס זענען נישט יוריסטיש און לעגאַליסטיש געשטימט? איז מען זיי פשוט מפקיר? זענען זיי נישט ראוי צו פאַרדינען וויבאַלד זייער קאָפּ שאַרפט זיך נישט אויס מיט חוקים ומשפטים? און ביי די קעפּ וואָס זענען יאָ צו דעם געאייגנט פאַלן אויך אַ סך

אַוועק ווייל אפילו זיי קענען נישט איבער דעם פאַרברענגען כמעט יעדע שעה פון יעדן טאָג איבער זייערע אַלע שולע־יאָרן, אָדער ווייל זיי דאַרפן עפעס מיט מער פראַקטיק דערצו. אַדוואָקאַטן אין דער ברייטערער וועלט לערנען פיל אַנדערע לימודים ביז זיי קומען אָן צו שטודירן געזעצן, משא״כ ביי אונז קען דער גמרא־״לויער״ גאָרנישט עפעס אַנדערש ווי די אָ שמאָלע לימודים.

דערנאָך איז דאָ אַ מער כלליות'דיגע טענה. אַז מיר זענען אַ חלק פון אַ גרעסערער געזעלשאַפט און אַז די עקאָנאָמיע פון דער מדינה דאַרף פראָדוקטיווע און וויסנשאַפטליכע בירגער, איז למה נגרע? מיר געניסן פון דער מדינה און ממילא מוזן מיר אויך נושא־בעול זיין. די עקאָנאָמיע מוז בעל־כרחך האָבן אינזשענירן, מאַטעמאַטיקער, פראָגראַמירער און נאָך מומחים אין אַלערליי פעלדער וואָס אָן זיי קען מען קוים וואַרפן אַ קנעפל, און ווער רעדט נאָך פון פירן אַ מאָדערנע מדינה וואָס אָן זיי איז אי אפשר להתקיים אפילו שעה אחת. ממילא ווי אַ בירגער און אַ חלק פון דער מדינה מוזן מיר אויך צושטייער געבן מיט וויסנשאַפט און צוגרייטן אונזערע דורות אויף דער צוקונפט אויך לטובת־הכלל.

איך ווייס אַז אַזוינע טענות וועלן ביי אונז ווייניגער איבערצייגן און מען וועט זאָגן אַז די מדינה וועט זיך אַן עצה געבן אָן אונז. דאָס און אַנדער שפּעטעריי פאַרענטפערט אָבער נישט די טענה. אַז מען וואוינט אין אַ רייכער מדינה און בפרט אין אַ מלכות של חסד ווי אונזערע געניסט יעדער דערפון, איז פאַרוואָס זאָלן מיר בלויז אַרויסנעמען און נישט אַריינלייגן?

אַנדערע ווייטער וועלן מאַכן אַ אידישקייט דערפון. אויף אונז האָט בלעם געזאָגט ״הן עם לבדד ישכון״ און מיר דאַרפן נישט זיין אַ חלק פון דער באַפעלקערונג. מיר דאַרפן נישט צושטייער געבן צו אונזער סביבה און כל־זמן מיר האָבן תורה און לחם לאכול דאַרפן מיר נישט עפעס אַנדערש.

מיט די איז שווערער זיך אויסצו'טענה'ן ווייל איינער וואָס האַלט בשיטה אַז מען דאַרף נעמען און נישט געבן וועט נישט וועלן אויסהערן טענות דווקא אויף פאַרקערט, דהיינו אַז מען נעמט אַרויס מוז מען אויך צוריק אַריינלייגן. זיי וועלן אויך נישט זען די סתירה אַז אויף צו ״פליפן״ ״ריעל־עסטעיט״־געשעפטן איז דער עולם גאָרנישט אַזוי עם לבדד'דיג און מען קויפט וואו נאָר עס איז דאָ צו פאַרדינען, נאָר אויף עפעס אויסצולערנען די קינדער אַז זיי זאָלן קענען פאַרדינען אויף אַ מער יישובו של עולמ'דיגן פאַרנעם ווערט מען

מיטאַמאָל מתלמידיו של בלעם הרשע. זיי קוקן אויך נישט אויף דעם פרייז וואָס מיר באַצאָלן מיט אונזער גוטן נאָמען אַז מיר פּראָדוצירן אַרמייען פון רויע אַגרעסיווע עם־הארצים (און צומאָל אויך תלמידי־חכמים) וואָס זוכן און קענען נישט עפּעס אַנדערש ווי פאַרדינען געלט, לייכט, פיל און שנעל. ווייל אַזאַ פּנים האָט עס ווען דאָס ערשטע מאָל וואָס אַ יונגערמאַנטשיק שפּירט זיך ווי אַ כל־יכול, אַז ער מעג אויסנוצן זיינע טאַלאַנטן און שעפערישקייט איז אויפן מאַרק. און אַזוי זעט עס אויס ווען דערקענען אַ צורתא דזווא איז וויכטיגער און חשוב'ער ווי קענען אַ צורת האות.

אָבער פאַרן ברייטערן עולם איז דאָך די קשיא יאָ שווער. אונזער לעבן איז גאָרנישט אַזוי איזאָלירט פאַר זיך אַליין אַז מען זאָל צוליב דעם פאַרדאַמען אונזערע קינדער. מיר פאַרבינדן זיך אויף אימעיל, קויפן איין ביי אַמאַזאָן און איבעי און אַ שלל אַנדערע אָנליין־געוועלבן, מען זעט אונז אין לופטפעלדער איבער דער גאָרער וועלט, מיר קליידערן זיך אין אַלעס פון מאָנקלער ביז בערבערי נאָר איבער די קינדער ווערט מען מיטאַמאָל פאַרצייטיש און געטאָאיזירט.

און אַזוי קומען מיר בלית־ברירה צוריק צו דער גמרא וואָס מיר האָבן אויבן דערמאַנט, "האב חייב בבנו... וללמדו אומנות" ווי אויך, "כל שאינו מלמדו אומנות מלמדו ליסטות." די אַלע שיינע טענות האָבן עקזיסטירט דעמאָלט אויך און פונדעסטוועגן איז די גמרא קלאָר אויף אַ פאָטער'ס פליכט צו זיין זון אים אויסצולערנען אויף צו פאַרדינען ווען ער ווערט עלטער. איך ערוואַרט אָבער נישט אַז די מיינונגען פון די אָנפירער זאָלן זיך טוישן איבער אַ שטיקל גמרא און ביי פיל פון זיי איז "מלמדו ליסטות" טאַקע בניחותא. זיי זאָגן יעדעס מאָל ווען זיי בענטשן "ונא אל תצריכנו ה' אלקינו לא לידי מתנת בשר ודם ולא לידי הלואתם" כאָטש אונזער גאַנצע סיסטעם דרייט זיך אַרום אַרויסצונעמען, צי בהיתר צי באיסור, פון דאָרט וואו אַנדערע אַרבעטן שווער אַריינצולייגן. ממילא וועלן זיי זיך אויך נישט פאַרדאַרבן איבער עפּעס אַ שטיקל גמרא. די גמרא ווערט אָבער נישט נעלם און די תוצאות זענען ליידער צו זען אין די פּירות וואָס מיר האָדעווען אויף.

• קאַפּיטל ז׳ •

וויסנשאַפט לשם וויסנשאַפט

לאָמיר אָבער אַוועקלייגן פרנסה אין אַ זייט ווייל עס מאַכט דעם אָנשטעל אַז דער גאַנצער תכלית פון לערנען אַלגעמיינע לימודים איז בלויז אויף צו פאַרדינען ווען מען ווערט עלטער און ווען נישט וואָלט מען נישט געדאַרפט עפּעס מער פון תורה. איז לאָמיר סתם פרעגן צי איז נישט וויכטיג צו וויסן און זיך באַקאַנט מאכן מיט דער וועלט וואָס מיר באַזעצן און צו פאַרשטיין און צו פרעגן "מהיכן ירק זה חי" פשוטו כמשמעו, וויאַזוי פירט זיך אונזער וועלט? דאַרפן נישט אונזערע קינדער ווי אויך דערוואַקסענע וויסן און פאַרשטיין נאַטור, היסטאָריע, אייגענע און אַלגעמיינע, געאָגראַפיע, חשבון אאַז"וו, ועל־כולם צו שרייבן און לייענען געהעריג אַז יעדער זאָל זיך קענען שפּעטער אַליין באַרייכערן די אייגענע וויסנשאַפט און אויסדריקן די אייגענע מחשבות און מיינונגען? ווי דער פסוק זאָגט, וְהַחָכְמָה מֵאַיִן תִּמָּצֵא וְאֵי זֶה מְקוֹם בִּינָה,

פון וואו געפינט מען קלוגשאַפט און וואו איז דער פּלאַץ פון פאַרשטאַנד?

אַז איר פרעגט מיך פאַרוואָס, מוז איך מודה זיין אַז איך האָב נישט באַלד קיין ענטפער. עס איז אַזאַ דבר פשוט אַז מען איז נישט געוואוינט צו הערן אַזאַ שאלה און נאָך וויניגער צו דאַרפן קלערן דערויף אַ תשובה. אָבער אַז איר פרעגט נאָך אַלץ, איז דער ענטפער פונקט אַזוי פשוט: אויף צו זיין אחד מן היישוב, אַ מענטש צווישן מענטשן.

מען זאָגט דריי מאָל אַ טאָג אתה חונן וואָס איז אַ באַזונדערע ברכה צו השיבנו אבינו לתורתך, הייסט עס, אַז עס איז דאָ קלוגשאַפט, פאַרשטאַנד און וויסנשאַפט אויסער דער תורה. איך קען אָנצייגן אויף פערזענליכקייטן פון חז"ל, ראשונים און אחרונים וואָס זענען געווען באַקאַנט אין מילי־דעלמא אָבער מיר דאַכט זיך אַז דאָס וואָס מען דאַרף ברענגען אַ ראיה איז אַליין אַ ראיה אַז עפּעס פעלט. מען זאָגט יעדן טאָג "מה רבו מעשיך ה' כולם בחכמה עשית" און אַז חכמה איז בכלל נישט קיין מציאה וואָס איז דען דער גליק? נאָך מער, אַז מען האָט נישט שטודירט די וועלט ווער זאָגט אַז אַלעס איז אַזוי קלוג? און אַז מען קען זען די חכמה פון זיך אַליין מוז דאָך אוודאי זיין אַן ענין דאָס בעסער צו פאַרשטיין און צו זען די גאָר טיפערע און קאָמפּליצירטע חכמה וואָס ליגט אין יעדער צווייג פון וויסנשאַפט. וויאַזוי האָט אברהם אבינו דערקענט זיין באַשעפער אויב נישט דורך זיך מתבונן זיין אויף דער וועלט? וואָס איז טייטש דער פסוק, "שאו מרום עיניכם וראו מי ברא אלה", הייבט אויף צו דער הייך אייערע אויגן און זעט ווער האָט דאָס אַלעס באַשאַפן? אין פסוק אין משלי שטייט, אֱמֹר לַחָכְמָה אֲחֹתִי אָתְּ וּמֹדָע לַבִּינָה תִקְרָא, זאָג פאַר חכמה אַז דו ביסט מיר אַ שוועסטער און מיט פאַרשטאַנדקייט רוף זיך אַ באַקאַנטער. וויאַזוי אָבער ווערן מיר קרובים און פריינט מיט חכמה און בינה אַז מיר באַזונדערן זיך אינגאַנצן אָפּ פון זיי?

פרעגט נאָר זיך אַליין ווי איר באַטראַכט אַן עקספּערט אין זיין אָדער איר פעלד, אַ גרויסער דאָקטאָר, אַ האַרץ־ספּעציאַליסט אָדער אַ נעווראָכירורג, אַ באַרימטער אַרכיטעקט, אַ באַקאַנטער היסטאָריקער, אַן אַסטראָפיזיקער, איינשטיין, סטיווען האָקינג אָדער אַנדערע אוניווערסאַלע באַקאַנטע נעמען און צי איר שאַצט זיי נישט אָפּ מכוח זייער וויסנשאַפט און זייער דערפאַרונג. ס'אַראַ וועלט וואָלט מיר באַזעצט ווען מיר דרייען זיך אַלע אַרום ווי יושבי־חושך? וואו לעבט מען באַקוועמער, מען פאַרדינט מער, מען לעבט מער בשלום און מען לעבט לענגער? וואו שטאַרבן פיצלעך קינדער

ווייניגער און וואו האָט מען בעסערע מעדיצינען און ווייניגער מחלות אַז נישט אין די מדינות וואו וויסנשאַפט איז מער אַנטוויקלט און בנמצא צו דער באַפעלקערונג?

עס איז נישט מער און נישט ווייניגער ווי אַ מענטשליכע נאַטור צו פאָרשן, צו פאַרשטיין, צו פרעגן, צו פרואוון ענטפערן און צו וויסן און מיר זענען אין דעם נישט ווייניגער מענטשן ווי אַ צווייטער. גייט קוקט אויף יעדער קליינער בהלה אויף אונזער היימישער גאַס, פון אויפגראָבן אַ גרוב פאַר אַ וואַסעררער ביז טוישן אַ לעמפל אויף אַ גאַסנלאָמפּ און באַלד שטעלט זיך אַרום אַן עולם פון אנשים וטף (נשים עטוואָס ווייניגער) און קלאָצן. אין חדר האָט מען זיי נישט געוויזן קיין מאַשינען, אין ישיבה האָבן זיי נישט געהאַט קיין לאַבאָראַטאָריע און אין כולל איז נישטאָ קיין סטאַזשן (internships). ממילא איז פאַר זיי אַלעס אויסער דער צורת הדף אַ חידוש עצום, און אַז מען ברענגט עס צו אונז איז דאָך אַן עבירה נישט צו קוקן. און חקר'נען, און לערנען פשטים, און געבן עצות, און קלערן צי אַ אידישער קאָפּ וואָלט נישט געמאַכט אַ בעסערן דזשאַב.

אָט דאָס צופרידנקייט פון לערנען, אָבזערווירן, פאַרשטיין, לייענען און זיך אויסדריקן, דאָס גזל'נען מיר צו ביי אונזערע קינדער און ביי גאַנצע דורות. פון נישט האָבן געלערנט אין חדר עפּעס אַנדערש ווי דעם מינימום לימודי־חול און אין ישיבה בלויז גפ"ת זענען די מוחות שטומפּיג. מען קען נישט לייענען צופיל מער ווי מאַטעריאַל פאַרן ערשטן קלאַס, דער וואָקאַבולאַר איז אַזוי אָרעם אַז מען קען נישט אַרויסברענגען וואָס עס בושעוועט אין מוח, מען האָט נישט קיין זיצפלייש, מען מיינט אַז פאַרשטיין איז צו פרעגן וועלטס־

קשיות און אַז יעדע קשיא מוז זיך האָבן איר צוגעפּאַסטן תירוץ. און דער גרעסטער טרויער איז אַז מיר ווייסן בכלל נישט וואָס עס איז אַלס דאָ צו וויסן. פון תכלית הידיעה שנדע שלא נדע האָבן מיר געמאַכט אַ תכלית אַז פשוט שלא נדע. די וועלט האַלט אין איין אַנטדעקן און ביי אונז איז אַלעס "אומבאַוואוסטע אומבאַוואוסטיגקייטן".

כמעט די גאַנצע מאָדערנע וועלט, פון צושטעלן עסנוואַרג און טרינקוואַסער פאַר דער באַפעלקערונג, אונזערע מאָדערנע מאַשינען ווי קאַרס, עראָפּלאַנען, מיקראָוועיווס, וואַשמאַשינען און גרעסערע מאַשינען אויף צו בויען און פראָדוצירן, עלעקטראָנישע ליכט, היץ און קעלט, אונזערע מאָדערנע פאַרבינדונגס־מיטלען, מאָדערנע מעדיצין און כמעט אַלעס וואָס מיר באַנוצן זיך דערמיט היינטצוטאָג, איז אַ דאַנק די אַנטוויקלטע צווייגן פון וויסנשאַפט און פאַרשטאַנד. דאָס אַלעס האָט מחדש געווען דער מענטשליכער מוח מיט זיינע קאָלאָסאַלע קראַפטן וואָס איז אויך אַ חלק פון מה רבו מעשיך ה'. און אין אונזער ברייטערער געזעלשאַפט איז ווידער דאָס זעלבע. קיינער ווערט נישט געבוירן דעמאָקראַטיש און פיל בלוט האָט זיך פאַרגאָסן אויף אָנצוקומען צו דער סיסטעם פון רעגירונג אין אונזערע מדינות וואָס איז דווקא וואו אונז אידן געניסן אין גרויסן אַלס פולע באַרעכטיגטע בירגער. ממילא קענען די אַלע זאַכן נישט זיין שלעכט אָדער שעדליך אָדער בדיעבד אָדער בלויז פאַר "זיי". עס איז דאָ אין זיי אַן אַבסאָלוטע נייטיגקייט וואָס שטייגט אינגאַנצן איבער די שמאָלע זעלבסט־אינטערעסן וואָס עס באַדייט דאָס וואָרט "פרנסה".

מיר שיידן זיך דאָך נישט אָפּ פון דער וועלט ווען עס לוינט זיך אונז און אויף הנאה צו האָבן, איז פאַרוואָס זאָלן מיר פאַרלייקענען די קראַפטן פון דעם מוח און די שיין און ליכט פון די אידייען צו אונז און צו אונזערע קינדער? תורה איז טאַקע גאָר וויכטיג ללמוד וללמד לשמור ולעשות, פאַר אונזער אידענטיטעט, אונזער גלויבן און אונזער קולטור אָבער דאָס איז נישט קיין סתירה צו לימודי־חול. פאַרקערט, זיי קענען גאָר באַרייכערן איינער דעם צווייטן.

ביי אונז איז דאָ אַן אָפט געהערטער אַרגומענט פאַרוואָס מיר פאַרמיידן זיך פון לימודי־חול וואָס איך האָב פריער דערמאַנט בקיצור. דאָס איז אַז תורה אַנטוויקלט דער מוח און מחשבה, און גמרא שאַרפט אויס דעם קאָפּ פונקט ווי אַ קאַלעדזש־דיפּלאָם, און אַז אונזער בילדונג איז בלויז אַנדערש אָבער

נישט וויינִיגער. די טענה בפרט ווען מיר רעדן פון קינדער פון עלעמענטאַר־שולע־יאָרן קומט בדרך־כלל אויף צוויי אופנים: ערשטנס אַז אין דער תורה וואָס די קינדער לערנען ליגן אַ סך אַלגעמיינע ידיעות צו באַרייכערן די קינדער'ס וויסנשאַפט און זעטיגן זייער נייגעריגקייט. און צווייטנס אַז די תורה אַנטוויקלט די חושים אַז די גמרא אַליין מיט אירע מנא הני מילי'ס, תא שמע'ס, איבעיא להו'ס און אפכא מסתברא'ס שאַרפט אויס דעם קאָפּ און לערנט אויס טראַכטן פונקט ווי ביי אַנדערע וואָס שטודירן. דעם חלק פון דער טענה האָט מען לעצטנס אַ נאָמען געגעבן, "קריטישע דענקעריי" (critical thinking), און מען האָט עס אויך אַנערקענט אין דעם ניו־יאָרקער געזעץ ווי איך וועל שפּעטער דערמאָנען.

אויבן האָבן מיר דערקלערט פאַרוואָס די טענה איז אָפּגעפרעגט לגבי פרנסה און צום בעסטן טויג עס פאַר אַ יוריסטישן און אַדוואָקאַטישן קאָפּ וואָס נישט יעדער איז דערצו געאייגנט. יעצט לאָמיר זיך אָבער באַציען צו וויסנשאַפט בכללות. אויף דעם חלק פון דער טענה אַז אין לימודי־קודש ליגן שוין אויך לימודי־חול, קלערט מען באמת אַז די מ"ב מסעות און דער מרחק צווישן טבריה און ציפורי וועלן אויסלערנען אינגלעך געאָגראַפיע, אַז מעשה'לעך פון אלכסנדר מוקדון און טיטוס'ס פליג וועלן זיי דערציילן היסטאָריע, אַז ערוגה של ששה טפחים על ששה טפחים און גברא באמתא יתיב וועט זיי אויסלערנען מאַטעמאַטיק, און אַז מלאכים וועלן זיי קומען אויסלערנען די שבעים לשונות? איז דאָס באמת דער חשבון?

און לאָמיר שוין זאָגן אַז פּאָטענציעל קען מען פאַרבינדן פאַרשידענע ידיעות מיט לימודי־קודש, איז טוט מען דען אַזוי? און ווען מען זאָל וועלן אַזוי טון, איז דען אונזער סיסטעם דערצו געאייגנט? וויאַזוי וועלן מלמדים און מגידי שיעורים וואָס האָבן אַליין נישט געלערנט און נישט געזען וויאַזוי מען לערנט דאָס אויס אָנהייבן אויסצולערנען נ"ך, תולדות עם ישראל, היסטאָריע פון אַנדערע פעלקער, געאָגראַפיע, מאַטעמאַטיק און געהעריג צו שרייבן ווען זייער וויסנשאַפט באַשטייט פון משניות און גמרא און חומש ביז שני? ווען עס מאַכט זיך אַ דקדוק רש"י מוזן זיי עס איבערשפּרינגען ווייל זיי זענען נישט "בקי בחכמת הדקדוק" און אַ בנין קל איז פאַר זיי שווער ווי דער גלות, כאָטש פאַר אַ צענערלינג אין ארץ ישראל וואָס שטודירט אויף בגרות איז עס פּשוט'ער א"ב, איז וויאַזוי וועלן זיי אַרויסדרינגען הוויות העולם פון הוויות דאביי ורבא? און ווער רעדט נאָך פון די אַלע אַנטדעקונגען וואָס מען האָט

דערפינדן זייט די גמרא אָדער אפילו פאַר דער גמרא אָבער עס ווערט דאָרט גאָרנישט דערמאַנט?

אָבער בכלל איז די פעאיקייט פון "קריטישע דענקעריי" (וואָס אַלס אַ חלק פון דעם ערב־פסח'דיגן "נס" האָט מען עס אַריינגעשטעלט אין דעם ניו־יאָרקער געזעץ פאַר אַ לערנציל אין חסיד'ישע תלמוד־תורה'ס) איבערגעטריבן. קריטיש טראַכטן אָן וויסנשאַפט האָט אַ קליינעם ערך. עס איז דאָ אַ מימרא פון אייזאַק ניוטאָן אַז ער איז געווען ביכולת צו זען ווייט דורך שטיין אויף די פלייצעס פון ריזן. איז וואָס וועט אונז טויגן צו טראַכטן קריטיש אַז מיר ווייסן נישט איבער וואָס צו טראַכטן? צו טראַכטן קריטיש דאַרף מען פאַקטן און קענטעניש, אַז נישט איז נישטאָ וואָס צו באַטראַכטן. קריטיש טראַכטן איז אויך ווייניג ווערט אָן דעם געצייג ווי וואָקאַבולאַר, גראַמאַטיק און קענען שרייבן אפילו אויף אַ פשוט'ן שטייגער וואָס אָן זיי האָט נישט דאָס טראַכטן אויף וואָס זיך אָנצוכאַפּן. צום ערגסטנס פירט קריטיש טראַכטן ווען עס איז נישט באַזירט מיט יישובו של עולם צו חכמים המה להרע. צו אָפּאָרטוניסטן אויף זיך אַריינצוכאַפּן אין יעדן גניבה'לע און טעות עכו"ם ווי אויך גזל ישראל מכוח אויבער־חכמ'ישע און אויסגעשאַרפטע גמרא־קעפּ וואָס מען האָט נישט אויסגעלערנט הלכות מענטשליכקייט און מען האָט זיי נישט געגעבן די געלעגנהייטן עס אויסצונוצן מער פּראָדוקטיוו.

דאָס ביטערסטע געלעכטער איז ווען מען קוקט זיך אום ביי אונז וואוהין דאָס כלומר'שטע קריטישע דענקעריי פירט אונז. קריטישע דענקער וואָס לויפן פון קבר ביז קבר און קומען אויף טאָג־טעגליך מיט פרישע סגולות און נאַרישקייטן אויסצונאַרן געלט ביים עולם. קריטישע דענקער וואָס לאָזן זיך פאַרפירן פון אונזערע פירער און זעען נישט איין ווי מען גנב'עט ביי אונז צו אונזער מאַכט און רעכט. און קריטישע דענקער וואָס געבן איין טאָג־טעגליך זייערע זין אין שולעס מען זאָל זיי ווייטער אויסשאַרפן מיט אָט דעם קריטישן דענקעריי.

איך וועל דערמאַנען נאָך איין טענה פון די מער עקסטרעמע עלעמענטן אַז לימודי־חול איז גאָר אסור און זיי רופן עס אָן אפילו שמד און אפיקורסות. די טענות קומען פון די וואָס רופן יעדן איינעם וואָס שטימט מיט זיי נישט מיט אַ מין און אַן אפיקורס און די ווערטער זענען אַזוי ביליג און אויסגעדראָשן אַז מען דאַרף זיך מיט דעם קוים אָפּגעבן, נאָר אויף יוצא צו זיין לכל־הדעות, איז כדאי דעריבער אויך עפּעס צו זאָגן.

ראשית־כל איז עס אַ הוצאת לעז אויף פרומע, נישט חסיד'ישע, שולעס ווי אויך חסיד'ישע מיידל־שולעס די בכל אתר ואתר וואָס לערנען די אַלע לימודים און זענען פונקט אַזוי ערליך ווי אונז און פיל מער ראַפינירט טאַקע מחמת זייער בעסערן חינוך. נאָך מער, אַז די וואָס שרייען שטערט באמת אפיקורסות איז אדרבא זאָלן זיי לערנען מיט די קינדער אַלעס וואָס איז "כשר" אין זייערע אויגן. אין מולטיפיליקאַציע־טאָוולען איז נישטאָ קיין עבודה־זרה, איז פאַרוואָס איז עס בל יראה ובל ימצא אין חסיד'ישע חדרים? אין דער וועטער סיסטעם פון וואָלקנס און רעגן איז נישטאָ קיין מינות, אין דעם געוויכט פון אַן אַטאָם איז נישטאָ קיין אפיקורסות, אין אַלקאַלי איז נישטאָ קיין שמד, איז פאַרוואָס איז דאָס אַלעס על־פי רוב פרעמד פאַר אונזער עולם. נאָר הא גופא אַז מען זאָל קענען בכלל פאַרקויפן אַזאַ טענה איז נאָך אַ באַוויז ווי קריטיש אונזער טראַכטן איז.

בכלליות אָבער ווען מיר באַנעמען זיך אַרום לימודי־חול מוזן מיר בעל־כרחך קומען פון אַן אַנדערן קוקווינקל. ווי מיר האָבן אויבן געזאָגט, אונזערע טענות אויף לימודי־קודש זענען אפילו לדידהו, כלומר לפי דער מיינונג פון די שיכטן אַז אין לימודי־קודש ליגט אַלעס. ביי די זענען לימודי־חול בלויז פאַר "זיי", אַנדער סאָרט אידן, כלומר מאָדערנע, ליטווישע, ישיבה'ישע און יעדער צונאָמען וואָס מען טרעפט אויס אויף זיך איינצורעדן אַז בלויז מיר זענען באמת געטריי לה' ולתורתו. לויט זיי איז דאָס ביסל לימודי־חול וואָס מען לערנט שוין יאָ אין כמעט אַלע חדרים פשוט דאָס ווייניגסטע וואָס מען קען זיך דערפון נישט אַרויסדרייען. עס איז בלית־ברירה, בדיעבד, בלויז אַן

"עפעס" וואָס אפילו זיי זעען איין (כאָטש אויך נישט אַלע) אַז מען דאַרף קענען. פאַר רעגירונג־באַאַמטע, פאַר די מאַמעס, פאַר די "ווימפּס" און פאַר די אַלע אַנדערע כלומר'שטע תירוצים וואָס מען דאַרף אויסטראַכטן צו פאַרענטפערן פאַרוואָס אַ קינד זאָל קענען אונטערשרייבן זיין נאָמען און רעכענען בערך אויף וויפל אַ מקווה־איד דאַרף קענען אויף צאַמצורעכענען דאָס ערב־יו"ט'דיגע איינקויפערײַ. ווייל נאָך די אַלע תירוצים לערנט מען נישט מיט די קינדער צופיל מער ווי אַזאַ מינימאַלן שיעור.

פאַר אַזוינע סאָרט ווערט נישט העלפן צו ווייזן פסוקים, משניות, גמרות, רמב"ם'ס, היסטאָריע אָדער פרואוון איבערצוצייגן אין דער נייטיגקייט פון לימודי־חול מיט סתם יישובו של עולם. פאַר יעדן פסוק וועלן זיי אייך געבן אַן אַנדערן פסוק אָדער עפעס אַ וואָרט אויפן "אמת'ן" פשט אין פסוק, אויף יעדן מדרש קענען זיי ברענגען אַ מדרש אויף פאַרקערט און אַז זיי האָבן אַ מעשה פון אַ "רבי רעב" שטייגט עס ביי זיי איבער אַלע גמרות. סברות פון יישובו של עולם רעדט אויך נישט צו זיי ווייל כך מקובלני מבית אבא איז ביי זיי עולה על כולן. זיי האָבן צופיל פאַרשטעקט אין דער יעצטיגער סיסטעם מיט געלט, כבוד, שטעלעס און קאָנטראָל אַז זיי זאָלן בכלל וועלן הערן די טענות, ווער רעדט נאָך פון ווערן איבערגערעדט. ממילא, צו זיי ווענד איך זיך נישט און אַז זיי וועלן כאָטש פאַרבעסערן אַ ביסל די לימודי־קודש האָט מען ביי זיי אויך עפעס פאַרדינט.

זיי זענען אָבער נישט דער רוב און קוים אַ מיעוט הניכר. עס איז נישט מער ווי זייער מאַכט און דאָס געלט וואָס שטייט הינטער דער מאַכט וואָס גיט דעם אָנשטעל אַז זיי זענען די וועגווייזער אויפן דרך ישראל סבא און בלויז זייער וועג איז דער אויסגעטרעטענער. איך רעד צו אונזער שטומען רוב, די וואָס זעען דעם חורבן ביי זייערע אייגענע קינדער אָבער האָבן מורא צו זאָגן אָדער אפילו צו טראַכטן אַז עפעס טויג דאָ נישט. איך רעד אויך צו די וואָס זענען פראָגראַמירט צו האַלטן אַז אפילו דער שאָדן וואָס שטייט זיי קעגן די אויגן איז גאָרנישט אַזוי געפערליך. זאָלן זיי כאָטש איינזען די נייטיגקייט פון אַ פולער אַקאַדעמישער פּראָגראַם פאַר אונזערע אינגלעך און אַז דאָס וואָס גייט היינט פאָר קען נישט און טאָר נישט ווייטער אָנגיין. דער מדרש זאָגט אַז פון טויזנט וואָס גייען אַריין לערנען קומט בלויז איינער אַרויס להוראה. מיין שאלה איז: וואָס טוען מיר מיט די ניין הונדערט און ניין און ניינציג? וויאַזוי גרייטן מיר זיי צו צום לעבן און וואָס וועט פון זיי ווערן?

• קאַפּיטל ח׳ •

דער קאָסט פון אונזער חינוך־סיסטעם

דער יעצטיגער הלוך־ילך איז פאַרדאָרבן, פאַרפוילט און פאַרשימלט און יעדער קען דאָס זען. טאַלאַנט גייט לאיבוד, דורות גייען לטמיון און פון אַ סיסטעם וואָס האָט זיך אָנגעהויבן מיט אָדער גן־עדן אָדער גיהנום איז געוואָרן אָדער OCD אָדער OTD. בשעת ווען אַנדערע אינסטיטוציעס פּראָדוצירן דאָקטוירים, וויסנשאַפטלער, יוריסטן און מומחים אין אַלערליי וויסנשאַפטן פּראָדוצירט דער עם חכם ונבון אַ דריטוועלטיגע באַפעלקערונג מיט קינדער און דערוואַקסענע גלייך וואָס ווייסן נישט נישט פון איסור והיתר הארוך און נישט פון "לאָנג דיוויזשען", נישט פון סמ"ק און נישט פון "שאָרט דיוויזשען". אַז מדינות וואָס אַנטוויקלען זיך

נאָך האָבן אַ תירוץ פון אָרעמקייט און שוואַכע איינאָרדענונגען איז ביי אונז דאָס זעלבע אפילו ביי פאַרמעגליכע וואָס קענען זיך נישט אָנזעטיגן פון הבלי עולם הזה. בלויז ביי אונז לעבט מען בגשמיות אין דער ערשטער וועלט אָבער דענקעריש אין די ימי הביניים. דאָס איז דער פיינליכער אמת וואָס פרעסט אונז אויף פון אינעווייניג.

די פרוסטרירונג פון געלונגענע קעפ און שעפערישע טאַלאַנטן אָבער אָן דעם געצייג דאָס אויסצונוצן קענט איר טרעפן וואו נאָר איר גייט. בהסתרת־פנים אויפן וועב אָדער אויף די פנימ'ער פון יונגעלייט אין די צוואַנציגער און דרייסיגער ווען זיי קוקן זיך אום און זעען דאָס אָרעמקייט פון זייער וויסנשאַפט. ווען זיי הייבן אָן שטיין אויף די פיס און ווערן געוואויער דאָס ליידיגקייט פון זייערע הענט און אַז והגית בו יומם ולילה האָט זיי נישט צוגעגרייט צו על המחיה ועל הכלכלה. ווען זיי זעען איין אַז דער דזשאַב־מאַרק איז נישט פאַראינטערעסירט אַז זיי האָבן זיך פאַרהערט יורה דעה מיטן פרי חדש. וזו פריה, צייגט מען אויף זיי. זייט זיי קענען רעדן האָרעווען זיי אויף כי הוא חכמתכם ובינתכם און קוים זענען זיי יודעים כתב ולשון. און בנגלה קען מען עס אויך זען ווען מעשים בכל יום אַז מענטשן גיבן זיך אונטער און פאַרלאָזן זייערע פאַמיליעס און אונזערע געמיינדעס ווייל זיי קענען עס שוין נישט פאַרטראָגן. אָט זיי זענען לעבעדיגע מוסטערן פון, "כל האומר אין לו אלא תורה אפילו תורה אין לו".

אַזוי גרויס איז דער חורבן אַז עס איז בכלל נישטאָ קיין מעסטער וויאַזוי צו מעסטן אונזער כלומר'שטע הצלחה ווייל קיינער וויל זיך נישט פרעגן וואָס מיר צילן אַרויסצונעמען פון אונזער קראַנקער סיסטעם און פאַרוואָס עס איז בכלל דאָ. זענען די צאָל שטריימלער וואָס שטראָמען אַרויס פון די שולן האַלב־צוועלף שבת אינדערפרי אָדער די שורות אויף די פאַרענטשעס ביים רבינ'ס אייניקל'ס חתונה די מאָס פון אונדער הצלחה? און אַז יאָ, איז עס טאַקע פאַרדעם ווייל תלמיד־חכמ'שאַפט וויל מען נישט מעסטן, פנימיות קען מען נישט מעסטן און פרנסות האָט מען מורא צו מעסטן ווייל ווער ווייסט צי מאָרגן וועט נישט די מאַכט קומען קלאַפן אין טיר.

אוודאי קען מען אָנווייזן אויף געוויסע תלמידי־חכמים, און איך וועל מודה זיין אַז געגוג פון די שאַרפערע קינדער און בעסערע קעפ אָדער די וואָס געפינען אין דעם אַ געפיל זעען פירות אין זייער האָרעוואַניע און שטייגן. אָבער למעשה לויט דער צאָל תלמידים זענען זיי קוים אַ טיפה

מן הים. אַ יוריסטישע שולע וואָס זאָל פּראָדוצירן אַזוי ווייניג אַדוואָקאַטן אָדער אַן אַרכיטעקטן־שולע וואָס פּראָדוצירט אַזאַ נידעריגן פּראָצענט אַרכיטעקטן ווי אונזערע ישיבות און כוללים געבן אַרויס דיינים, סתם תלמידי־חכמים אָדער אפילו בעלי־בתים וואָס זענען יודע־ספר וואָלט מען זיי פון לאַנג געשלאָסן. אפילו פון די בעסערע קעפּ קומען אויך אַ סך אַרויס וואָס קענען טאַקע פּשט'לען און דרייען מיטן פינגער אָבער בעט זיי עפּעס אָפּשרייבן אָדער אַראָפּלייגן דבר דבור על אופניו און זיי בלייבן שטום. וואָס זענען זיי דען שולדיג אַז זיי האָבן קיינמאָל אין לעבן נישט אָפּגעשריבן אַן עסיי אָדער אויסגעדריקט אַן אייגענע מיינונג?

לאָמיר אָנקוקן וואָס די היינטיגע כלומר'שטע חכמת־התורה מיט וואָס זיי גיבן זיך אָפּ אַזוי פיל יאָר האָט צו פאַרקויפן. קוקט נאָר אָן די לעצטע טומלערייען פון עבודה־זרה־שייטלעך און הינער און וואַסער און פיש. די זענען די דירעקטע תוצאה פון צופיל תורה און צו ווייניג פּראַקטישע אָנווענדונגען און נאָך ווייניגער פשוט'ע וויסנשאַפט. נאָר אַזאַ פנים האָט עס טאַקע ווען תלמידי־חכמים וואָס בלאָנדזשען אינדרויסן פון זייערע ד' אמות של הלכה דינגען זיך איבער הינדואיזם אָדער ווען אייזערנע קעפּ וואָס מיינען אַז אַ זו איז אויף חול־המועד און אַ הינדל אויף כפרות זאָגן מבינות אויף הינער מכוח די עדות פון אַ שוחט. "הנותן לשכוי בינה להבחין בין יום ובין לילה", זאָגט מען יעדן פרימאָרגן נאָר דער והגית בו יומם

ולילה'ניק האָט מען נעבעך נישט געגעבן דעם שכל מבחין צו זיין אין אַ שכוי. טישן קען מען ביי אונז גוט פירן נאָר פון אַ פּעריאָדישן טאָוול האָבן זיי נאָך נישט געהערט. זיי זאָגן ליכא מידי דלא רמיזא באורייתא כאָטש מער פּאַסיג איז, "תלמיד חכם שאין בו דעת נבלה טובה הימנו".

ווייטער לגבי לימודי־חול וועל איך אויך מודה זיין אַז עס זענען דאָ ביי אונז מענטשן וואָס טראָץ די מכשולים זענען זיי מצליח אין זייערע געשעפטן, לערנען זיך צו ווען זיי וואַקסן אויף און באַהאַווענען זיך אַליין אין מילי דעלמא כאחד האדם און צומאָל מער ווי דורכשניטליך. דאָס איז אָבער טראָץ און נישט מכוח זייער אויפציאונג. יעדער און איטליכער פון זיי ווייסט ווי שווער עס איז אים אָנגעקומען. זיי קענען אַלע די געפילן פון אָנשטאָפּן זיך מיט רויע פאַקטן ווי הערינג אויף אַ מוצאי־תענית אָן אַ סדר און אָן אַ קאָנטעקסט. זיי דערקענען אויך די געפילן פון דורכגיין דאָס לעבן אין נישטערן אין יעדער מקצוע ווי עס איז ביי זעלבסטלערנערס וואָס יונגערהייט האָבן זיי נישט טועם געווען אַ ביסל פון אַלעס און דערנאָך זיך קאָנצענטרירט אין איין פעלד.

דאָס זענען אויך נאָר די בעלי־כשרון וואָס שטאַרקן זיך איבער די ריזיגע השקעות וואָס מיר אינוועסטירן זיי צו באַרויבן פון זייערע כשרונות און טאַלאַנטן. פאַר יעדן איינעם פון זיי זענען דאָ טויזנטער מיט ווייניגער כשרונות אָדער אפילו מיט מער כשרונות נאָר ווייניגער איניציאַטיוו אויף זעלבסטבעסערונג. און צווישן די בעלי־כשרונות אַליין זענען אויך דאָ די־ והותר וואָס ווייסן און פאַרשטייען זייער פערזענליכן דעפיציט נאָר עס פעלט זיי די געלעגנהייטן און דער קוראַזש אַרויסצוגיין אויף ברייטערע פעלדער אויף אויסצונוצן זייער וויסן. הצד השווה שבהם אַז פאַר קיין שום סיבה בלאָנדזשען זיי דורך דעם לעבן מיט נישט־אַנטוויקלטע טאַלאַנטן און נישט־אַרויסגעגעבענע קראַפטן און, פשוט און פּראָסט, דאָס לעבן גייט זיי לאיבוד. ווי עס האָט מיר לעצטנס איינער דערציילט פון אַ יונגערמאַן אין די צוואָנציגער יאָרן וואָס איז באַפאַלן אין ביהמ"ד זיין געוועזענעם מנהל. "אין חדר האָב איך געלערנט גמרא, אין ישיבה־קטנה גמרא, אין ישיבה־גדולה גמרא און היינט קען איך נישט אַ שטיקל גמרא און נישט שרייבן אָדער רעדן ענגליש".

און אַז מען קוקט אַוועק פון לימודי־קודש און לימודי־חול און סתם אויף שעפערישקייט געפינט מען ווייטער אַ ברייטע טיפע לאָך. ווייזט מיר איין

יוגנט־אָרקעסטער פון איין חרדישן מוסד אויף דער גאַנצער וועלט. ווייזט מיר אַ דעבאַטיר־געזעלשאַפט פון ישיבה־בחורים וואו מען קען בכלל מאַכן אַן אונטערשייד צווישן אַ פאַקט און אַ מיינונג, ווער רעדט נאָך פון פאָרמולירן טענות, נוצן פאַקטן אַלס ראיות און אָפּוועגן צדדים. אפילו אַ פאַרמעסט צווישן פאַרשידענע תלמוד־תורה'ס איז צופיל ווייל אַזוי גרויס איז דער פחד אַז קינדער זאָלן חלילה קומען אין אַ נאָענטן שייכות מיט "פרעמדע" קינדער.

מיר ווייסן בכלל נישט וואָס דאָס מיינט צוגרייטן קינדער פאַר דער צוקונפט, געטרויען און אָפּשאַצן אונזערע קינדער ווי די טרעגער פון אונזער מסורה און קולטור און אין ווענעמס הענט מיר וועלן עס איבערגעבן. כסדר לייענט מען אין די נייעס ווי אַ פרעזידענט אָדער אַ פרעמיער רופט אויס אַ נייעם פאָליסי אין אַ רעדע אין אַ קאַלעדזש, אָדער אַ הויפט פון אַ מדינה קומט צו פאָרן און סטודענטן קענען זיי שטעלן פראַגעס. ביי אונז באַהאַלט מען אונזערע קינדער פון פאָליטיקאַנטן ווייל אַ אינגל קען נאָך חלילה אויפמאַכן דאָס מויל. אין דער ביקסן־דעבאַטע וואָס ברויזט אַצינד זענען קינדער און צענערלינגען די ראשי־המדברים. איז וואו זענען אונזערע קינדער אין אונזער דעבאַטע איבער חינוך? וויפל חדר־אינגלעך, ישיבה־בחורים אָדער כולל־יונגעלייט האָט מען געגומען קיין אָלבאַני? אפילו דעם ראש־המדברים אַליין האָט מען נישט אַהין געפירט ווייל אַז מען זאָל אויסהערן אַ פאָר פון זיינע זאַצן אויף ענגליש און דערנאָך דערציילן אַז ער איז אַ ניו־יאָרקער געבוירענער, אַ ניו־יאָרקער אויפגעצויגענער און אַ ניו־יאָרקער בירגער די לעצטע זיבעציג יאָר וועט באַלד יעדער זען און פאַרשטיין ווי אומרעכט און אומזינענדיג איז זיין גאַנצע מלחמת־קודש.

אפילו ביי אונז פון אינעווייניג געטרויט מען אויך נישט די קינדער. איר קענט אייך פאָרשטעלן אַ חרדי'שן בחור אין עלטער פון מאַלאַלאַ (אַ מיידל איז דאָך אָפּגערעדט) זאָל האַלטן אַ רעדע פאַר די מועצת גדולי התורה אָדער דער אגודת הרבנים? ווען 9\11 האָט געטראָפן איז פרעזידענט בוש געווען אין אַ כתה פון פיצלעך און זיי פאָרגעלייענט אַ ביכל. וועלכער רשכבה"ג וואָלט געלערנט אַ פסוק חומש מיט קינדער, ווער רעדט נאָך פאָרלייענען זיי אַ מעשה? ווען ער קומט שוין זינגט מען ימים על ימי, ער שעפטשעט אַ פאָר תורה'לעך און טיילט עפלעך און דאָס התעוררות איז אין־לשער. זאָגט מיר נאָר אין וועלכער בית־דין־שטוב אָדער עסקנישן

ביוראָ קען אַ בחור האָבן אַן "אינטערנשיפ" אויף זיך צוצוקוקן? און וואו זענען די פירערשאַפט־פּראָגראַמען פאַר בחורים און מיידלעך וואָס וועלן אונז פירן אין דעם קומענדיגן דור?

נאָר וואָס דען? ווי מיר ווייסן גוט געטרויען מיר נישט אונזערע קינדער נישט אויפן היינט ווען מיר לערנען זיי גאָרנישט אויס, נישט אויפן מאָרגן ווען מיר שטעלן זיי צו ווייבער, און נישט אויפן איבערמאָרגן אויף וואָס מען גרייט זיי גאָרנישט צו. מען גיט זיי דעם מינימום אויפן חשבון אַז די וואָס זענען נאַטירליך געבענטשט מיט פעאיגקייטן וועלן זיך שוין אַן עצה געבן און דער רעשט וועלן זיין פשוט'ע אידן אויף תהילים, מקווה און גמ"ח'ן.

און מיר פרעגן ווידער, פאַרוואָס איז דאָס אַלעס דאָ און וואָס איז דערפון דער תכלית? צו קענען אַ שידוך טון אַז זיי זאָלן האָבן קינדער ווידער אויף אַ שידוך צו טון? אַז תורה און יראת־שמים איז דער תכלית, וואו איז די תורה און וואו איז דער יראת־שמים? אין טעאַטער און קאַסינאָס וואו יונגעלייט פאַרברענגען מיט בעקעשעס און אין וואָלענע טליתים־קטנים? אין די גניבות און די גזילות פון דעם כלל און דעם פרט פון יעדער פּראָגראַם וואָס עקזיסטירט נאָר?

כדי דאָס צו פאַרענטפערן האָבן מיר ליב צו רעדן מיט נאָסטאַלגיע פון פשוט'ע תמימות'דיגע אידן כאילו דאָס איז גאָר אַן אידעאַל ווי איידער אַ מיטאָס וואָס מען האָט דערפון געמאַכט אַ זכרון. מיר זענען מן־הסתם די איינציגסטע סיסטעם אין דער וועלט וואָס צילט אויפצוברענגען פשוט'ע מענטשן. און פשוט נאָר אין תורה און אינטעליגענץ. ווייל אין אַנדערע שטחים פון לעבן זענען מיר גאָרנישט אַזוי פאַראינטערעסירט אין פשוט'קייט. קאַרס זענען ביי אונז נישט פשוט, וואַקאַציעס זענען סאָפיסטיצירט, וויינען זענען ראַפינירט, מוזיק איז גג־על־גג, נאָר ווען עס קומט צום קליינעם איז חומש מיט פּאַפּוגייען תהילים גענוג ווייל דער בעל־שם האָט שבת נאָך מנחה געזען ווי חשוב דאָס איז אין הימל. און ווער זענען געווען די תלמידי־בעל־שם אַליין? די תהילים־זאָגער אין דאַשיקלעך אָדער דער מעזריטשער מגיד און דער תולדות יעקב יוסף?

דאָס זעלבע איז אין אונזערע צייטונגען וואו אַ בילד פון אַ אינגל מיט שיינע בלאָנדע פיאות איז אַ תירוץ אויף אַלע קשיות. און קען זיין זיי זענען גאָר גערעכט. ווייל אפשר איז אונזער גאַנצער תכלית טאַקע נאָר צו באַשאַפן קלאָנען וואָס גייען דעם זעלבן הוט ווי דער פאָטער און די זעלבע

שטרימפ ווי די מוטער. און אַז דאָס געלינגט, "יואוו מעיד איט", און מען וועט אויף זיי געבן די שענסטע אינפאָרמאַציע ביי שידוכים.

די קשיות ווערן אָבער נישט פאַרשווינדן און זיי פאַרמערן זיך נאָר. און די אומאַנגענעמענע תירוצים זענען צו געפונען ביי די בחורים און יונגעלייט וואָס טרעפן זיך נישט קיין אָרט אין אונזער אַלץ שמעלערער סיסטעם און שרייען אויף זייער גע'גזל'טער יוגנט. עס וואַלגערט זיך ביי אונז כלומר'שט עמערס מיט יראת־שמים נאָר דער עולם אַנטלויפט צו דער אינטערנעץ ביי דער ערשטער געלעגנהייט און מען דאַרף זיי אַלע איינקייטלען בנידוי שמתא וארור.

מיינט אָבער נישט אַז אונזערע פירער זענען אינגאַנצן אומבאַוואוסט פון די פראָבלעמען און די קינדער זענען פשוט בשר שנתעלם מן העין. ווי איך שרייב אין דעם קומענדיגן קאַפּיטל געניסן די אָ מנהיגים דערפון גאָר צום מערסטן. נאָר כדי דאָס אַלעס נישט מודה צו זיין און צו פאַרהוילן דעם חורבן באַפּעסטיגט מען עס און מען קעמפט קעגן די וואָס ווילן פאַרבעסערן. אַזוי האָפט מען אַז עס וועט אויסזען אינגאַנצן נאַטירליך כאילו עס איז הלכה למשה מסיני און אוממעגליך סיי צו פאַרלייקענען און סיי זיך דערצו קעגנצושטעלן. מען לייגט צו רחמנא־לצלנ'ס און השם ישמרנו'ס אַז מען רעדט פון אויסלערנען קינדער ענגליש און רעכענען געהעריג, מען שרעקט אונז אָפּ מיט שמד און גוזר תענית זיין און מען פאַרבלענדט אונזערע אייגענע און אונזערע קינדער'ס אויגן מיט פסוקים פון "כי טוב סחרה מכל סחורה", "הנחמדים מזהב ומפז רב" און "טוב לי תורת פיך מאלפי זהב וכסף". פאַר זיי קלינגט טאַקע "טוב תורה עם דרך ארץ" מאָדערן און "וללמדו אומנות" איז בלויז פאַר "יענעם סאָרט" אידן. פאַר אונז אָבער זעען מיר בחוש אַז "כל תורה שאין עמה מלאכה סופה בטלה" ווען מען קוקט זיך צו ווי אונזער יוגנט פאַלט אַוועק.

דאָס איז די רעאַליטעט פון אונזערע חדרים און די זענען אונזערע פאַרמעסטונגען.

• קאַפּיטל ט' •

דאָס קלעפּעכץ וואָס האַלט אַלעס צוזאַמען

צו פאַרשטיין וויאַזוי און פאַרוואָס דאָס גייט אָן מיט אַזאַ אָנאויפהעריגער קראַפט מוזן מיר פאַרשטיין וואָס האַלט דאָס אַלעס צוזאַמען און דער גורם אַז עס האַלט זיך אַזוי לאַנג און פעסט. אויף דעם דאַרפן מיר זיך פרעגן ווער פאַרדינט דערפון און אין וועמענס אינטערעס איז עס אַז עס זאָל אַזוי ווייטער גיין עד סוף כל הדורות.

דער ענטפער דערצו זענען די חסיד'ישע מנהיגים און זייערע יוצא משרתים ואשר משרתיו כולם עומדים ברום עולם. אונטער די משרתים איז דאָ נאָך אַ שיכט פון עושי־רצונם און אונטער זיי זענען מיר די פיסזעלנער וואָס ציטערן פאַר זיי אימת־מוות. לאו דווקא אַ פאָרכט אויף ספּעציפישע

באַפעלן נאָר אַ פחד צו גיין אפילו בלויז פאַר זיך קעגן דעם גייסט פון דער באַוועגונג, דער גאַס, דעם כלומר׳שטן דרך פון אבותינו הקדושים אָדער ווי מען רופט דאָס נאָר אָן. אָט די מנהיגים, זיי זענען די גרעסטע געניסער פון אונזער סיסטעם. נישט אומזיסט זענען זיי אויך די גרעסטע קעגנער פון יעדן סאָרט ענדערונג. שינויים און טוישערייַ בפרט אין דעם אויפצי פון אינגלעך איז פאַר זיי אַ קיום׳דיגע סכנה און דערפאַר מוזן זיי עס באַקעמפן.

לאָמיר מסביר זיין. וואָס מיר האָבן דאָ איז אַ חוט־המשולש׳דיגן פאַקט, אַ דרייאייניגקייט וואָס איז דער "טריניטי" פון אונזער עבודה־זרה: דער רבי, די חסידים און די מוסדות.

ביי איין שפּיץ פון דעם דרייעק זיצט דער רבי מיט זיין הויף. זיי וועלן אייך צושטעלן די מוסדות, איר וועט באַצאָלן דערצו אַ רעלאַטיוון שיבוש און דעם עיקר קאָסט וועט די סיסטעם אייך סובסידירן. ביים צווייטן עק שטייען די חסידים וואָס זייער חלק אינעם געשעפט איז שובו לכם לאהליכם, קינדלט אין פריידן און הבה לי בנים. ברענגט אונז נאָר די קינדער. און ביים דריטן עק זענען די מוסדות אַליין. די געביידעס וואָס נעמען אויף האַלבע, דריי־פערטל און גאַנצע בלאָקן און ציען אויף קינדער כמעט פון געבורט ביז זיי זענען גרייט זיך צו פאָרן און אַפירברענגען אַ פרישן דור.

די באַציאונגען צווישן די דריי זענען נישט איינוועגיג, און דער פלוס איז הלוך ושוב. דער רבי דאַרף די קינדער אויף אָנצופילן דעם רבינ׳ס פאַרענטשעס, צו טאַנצן אויפן רבינ׳ס שמחות, אָנצופילן דעם רבינ׳ס שטיבלעך די בכל אתר ואתר, געבן פאָסטנס די געטרייע חסידים, קויפן דעם רבינ׳ס הכשרים, באַגלייטן דעם רבי׳ן מוצאי־יום־טוב, אים מקבל־פנים זיין אויף זיינע מסע המלכות׳ן, און אויף אַלע אַנדערע צוועקן צו וואָס אַ רבי נייטיגט זיך אין זיינע חסידים.

ווייטער מצדו שטעלט דער רבי אַהער די מוסדות און מאַכט אויף פאַר די חסידים די טויערן מיט דער הבטחה אַז זה השער לה׳ צדיקים יבואו בו. מיר וועלן ביי אייך צונעמען אייערע קינדער און פון די חכמים־ונבונים וועלן מיר מאַכן יראים ושלמים, פון די תמימים וועלן מיר מאַכן כלי־קודש, פון די שעפערישע וועלן מיר מאַכן קיבאָרד־שפּילער און קאַפּעליע־זינגער און אַ פּאָר גראַפיקאַנטן, פון די אנשי־חיל וועלן מיר מאַכן קעכערס און באָס־דרייווערס, פון די היציגע וועלן מיר מאַכן וועד־הצניעות־אָנפירער און יהא שמיה רבא שושקער, און פון די שאַרפע און געשפיצלטע וועלן מיר מאַכן

עסקנים צו דרייען אויף פראָגראַמען און כשר'ן געלט. דאָס דעקט נאָך נישט אַלעס און אויך וועלן מיר פראָדוצירן געוועלב־האַלטערס, פאַרזיכערונג־סעילסלייט, סתם סוחרים, אַמאַזאָן־ און איבעי־מעקלערס, אתרוגים־ און מצות־פאַרקויפער, עסנוואַרג־פראָדוצירער און נאָך פרנסות פאַר אחב"י. פאַרשטייט זיך מיר וועלן אויך צושטעלן עטליכע תלמידי־חכמים מצד אחד און געציילטע גבירים מצד שני כדי אַז מען זאָל ווייטער גלייבן אַז יש אלקים בישראל און אויך אַז דער רבי זאָל קענען אויפפרישן פון צייט צו צייט זיין קאַר און זיין זילבערוואַרג.

ועל־כולם וועלן מיר אַהערשטעלן אַן אַרמיי פון שוואַך־פאַרדינער, קוים־פאַרדינער און אַמאָל־פאַרדינער, ווי אויך אַ בעל־הבית'ישן רעגימענט פון נישט־פאַרדינער, כדי צו פאַרזיכערן אַז לא יחדל אביון מקרב הארץ. פאַר זיי וועט מען מאַכן מוסדות־חסד ווייל דער רבי איז דאָך אַ זעלטענער גומל־חסדים. נאָר אויך איז ער אַ קונה־הכל. דער עסנוואַרג־פראָדוצירער דאַרף אַ הכשר, דער געשעפטסמאַן דאַרף זיינע בעל־הבית'ישע קליענטן, דער מלמד דאַרף אַ פאָסטן, דער שנאָרער דאַרף חתונה מאַכן און דער גביר דאַרף אַן אויבנאָן און אַ מפטיר. דער כתוב השלישי דערפון איז דער רבי און זיינע עושי רצונו. בלויז זיי קענען געבן פאַרן גביר דעם מתן שכרה בצדו פון כבוד און לעקעריי און אים וואונקען ווען צו עפענען און ווען צו פאַרשליסן

זיינע קעשענעס. און אַזוי אַרום ליגן ביים רבי'ן די שליסלען פון פּרנסה פאַרן אָרעמאַן און דעם מיטל־פּאַרדינער גלייך.

דאָס איז דער קאָנטראַקט וואָס מען נעמט זיך אונטער ווען מען שרייבט איין די קינדער אין "היימישע" מוסדות און וואָס מען פאַרשטייט בערך ווי ווען מען דרוקט "איי עגרי" ביים איינשרייבן זיך אויף אַ נייעם וועבזייטל. ווייל ביים אַריינגאַנג פון יעדן מוסד וואָלט געדאַרפט זיין אַ שילד מיט אותיות פון אַ שליח־ציבור־סידור, ""ביי ענטערינג דיס סייט" זענט איר מסכים מיר זאָלן טון מיט אייערע קינדער און מיט אייך וויאַזוי מיר ווילן". אָרעמע און רייכע, מיוחסים און עמך, קלוגע און נאַראָנים זענען אַלע צו דעם גלייך. די עלטערן קענען לפי־רוחם זיין מער אָדער ווייניגער ערליך כל־זמן זיי האַלטן זיך אין געוויסע ראַמען וואָס ווערן לעצטנס טאַקע שמעלער. אָבער דער ציל פון דעם קאָנטראַקט איז נישט קליידונג און נישט פילטערס, נישט שטרימפּ און נישט ביי־האָר, נישט אידישקייט, נישט תורה און נישט דרך־ארץ.

נאָר ומזרעכם תתנו למולך. אונזער מולך איז דער מלך וואָס איז יושב על כסא רם ונשא, מאן מלכי רבנן. יעדער האָט זיך זיין מזרח־אייראָפּעאישן קעניגרייך והצד השווה שבהן אַז זיי זענען עושה ואוכל, נעמען ביי אייך געלט אָבער גיבן אייך אויך געלט דורך נישטיגע שכר־לימוד. און וויכטיגער ווי אַלעס נעמען זיי ביי אייך צו די יאַנקעלעך און די משה'לעך, די שיינדי'ס און די חני'ס. פון זיסע באַ'חנ'טע פּנימ'לעך וואָס איר גיט ביי זיי איין ביי די דריי אָדער פינף יאָר גיבן זיי אייך צוריק באַבערדלטע בחורים און צניעות'דיגע מיידלעך ווען זיי זענען גרייט זיך צאַמצופּאָרן און פּראָדוצירן אַ פרישע טשערעדע. דעמאָלט גייען די מחותנים פרעגן דעם רבי'ן איבערן שידוך און דער רבי איז ווי דער קנעכטטרייבער אין די תשעה־באב'דיגן קינות אין דער מעשה פון די קינדער פון ר' ישמעאל כהן גדול: בֹּאוּ וּנְזַוְּגֵם וְנַחְלְקָה בֵּינוֹתֵיהֶם\בְּוְלָדוֹת כְּמוֹ כּוֹכְבֵי שָׁמַיִם, אויסער אַז די רבי'ס טיילן זיך מיט קיינעם. די דמי ולדות צאָלן מיר און דער נזק שלם שענקען זיי.

ווייל ווען די רבי'ס רעדן פון קידוש־השם מיינען זיי זייער קראָם, ווען זיי רעדן פון שמד מיינען זיי זייערע אייניקלעך, ווען זיי רעדן פון זיך מקריב זיין מיינען זיי זייער אייגענע קריוודע און ווען זיי רעדן פון כבוד־שמים מיינען זיי זייער שטעלע, זייער שטיל און זייער שטאַל. דער גאַנצער הלוך־ילך פון די רבי'ס, פון פדיונות, בעקעשעס, טישן, גבאים, בנש"ק'לעך, מצוה־

טאַנצן, פריוואַטע פליגערס, העליקאָפּטערס, וואַקאַציעס און דעם גאַנצן העדאָניסטישן חזיר׳יי קען בלויז עקזיסטירן ביי אַ ציבור וואָס איז נישט באַהאַוונט אין יישובו של עולם. זיי לערנען נישט היסטאָריע און די יסודות פון אַ ציווילער געזעלשאַפט ווייל די קינדער קענען חלילה געוואויער ווערן די פראַזע פון די רוימער פון "ברויט און צירקוסן" ווי דער סוד פון צופרידן האַלטן אַ באַפעלקערונג. כלומר, אַז די פירער שטעלן צו פרנסה (און ביי אונז אויך גמ"ח'ן) מצד אחד און ספּעקטאַקלען פון דער אַנדערער זייט ווערן די נאָכפאָלגער מסיח־דעת זיין פון דעם וואָס קומט באמת פאַר. און ברויט און צירקוסן איז טאַקע בעצם די הייַנטצוטאָגעדיגע תורת החסידות על רגל אחת.

אויב בין איך נישט גערעכט איז ענטפערט מיר פאַרוואָס דאַרף בכלל יעדער רבי אַן אייגענעם חדר און אַ ישיבה און פאַרוואָס דאַרפן מיר אַזוי פיל קליינע חדרים׳לעך וואָס פאַרדאָפּלען און פאַרדרייאיגן שטעלעס און בנינים און געלט־קוועלער? אַז חומש, משניות און גמרא איז דער תכלית איז וואָס איז אַ חילוק וואו זיי לערנען דאָס? אַז מען וויל זיי זאָלן קענען דעם רבינ׳ס תורות קען מען צו דעם מאַכן אַ חבורה ליל שישי, אָבער דער חומש איז דאָך ביי יעדן גלייך.

נאָר הוא הדבר אשר דברתי. די קינדער אַליין זענען אַ טפל־שבטפל און די חדרים זענען דאָ צו באַפעסטיגן די מאַכט פון די פירער, צו קאָנטראָלירן דעם הייַנט פון די עלטערן אַז זיי זאָלן קענען אייַנגעבן די קינדער און דעם מאָרגן פון די קינדער אַליין, צו פאַרזיכערן דזשאַבס פאַר די מלמדים און עסקנים און על־כולם צו פאַראייביגן דעם רבי׳ן און זיין גאָלדענע קייט.

ערשט ביי די נייע אויפגעשפראָצטע רבי׳לעך קען מען זען דאָס טיפקייט פון דעם חורבן. ווי קען זיין אַז נאָך דעם וואָס עס גייט אַוועק אַ רבי פון דער וועלט, און כמנהג דמתא קענען די ברידער\שוואָגערס\פּלומעניקעס זיך נישט פאַרטראָגן, און איינער צי מערער שמעקט זיך אַן אייגענע רביסטעווע און איבער נאַכט שפּראָצן ביי זיי אויף מוסדות לייכט און שנעל ווי די קאָלירן אויף זייערע פרישע געשניטענע בעקעשעס? די גרעסטע פּראָבלעם פאַר זיי איז נישט מלמדים, אַ לערן־פּראָגראַם, אַ שטאַב, מעבל און מיטאָג־מאָלצייט נאָר "ריעל־עסטעיט". וואו טרעפט מען אַ געביידע? און דאָס איז אויך נישט צו שווער ווייל אין אָנהייב איז אַ דירה סרוחה אויך גוט. סך־הכל רעדט מען דאָ אינגאַנצן פון אַ פאָר קינדער. נו, אַז אַ שטיבל

צו דאַוועגען קען זיין אין אַ קעלער און אַ כולל קען זיין אין אַ געדונגענער ווייבערשול, הלמאי דאַרפן די קינדער עפּעס בעסערס?

נאָר טאַקע פאַרדעם איז ביי אונז אַזוי לייכט אויפצושטעלן מוסדות. אַיעדער ווייסט אַז דאָס וואָס די קינדער האָבן געהאַט אין דעם אַלטן חדר איז נישט קיין קונץ נאָכצומאַכן אין דעם נייעם חדר. אַ פּאָר סידורים, תהילים'לעך, חומשים און משניות, צוזאַמען מיט טישן און אַ פּאָר בענק וְיִקָרֵא שמו בישראל "חדר". דער עיקר איז נאָר אַז דער שילד אויף דער געביידע און די באָסעס זאָל טראָגן "בנשיאות כ"ק מרן אדמו"ר שליט"א" אין אסיפה־רבתי אותיות. דער נעכטיגער שוואַנץ איז מיטאַמאָל אַ מנהל המוסדות און פאַר די פּיסזעלנער קען מען טיילן דזשאַבס ווי שיריים. כתות דאַרפן מלמדים, מוסדות דאַרפן שנאָרערס, קלאַסן דאַרפן לערערס, כולל־בענק דאַרפן קוועטשער און נגידים דאַרפן כבוד. האָט איר אַ כשר'ן טאָפּ און אַ כשר'ן לעפל. און די קינדער, זיי וואָס באַצאָלן דעם אמת'ן פּרייז, זיי וואַרפט מען אַהין אַריין פאַר קינוח סעודה.

• קאַפּיטל י׳ •

די פינאַנצן פון די מוסדות

מיר קענען נישט רעדן פון די רבי׳ס און די מוסדות אָן אין באַטראַכט צו נעמען וויאַזוי דאָס צאָלט זיך אַלעס אויס. כסדר פאַרבלענדט מען אונז די אויגן מיט אַסטראָנאָמישע ציפערן און דעם כלומר׳שטן מסירת־נפש פון די עסקנים צאַמצושטעלן די געלטער און אַז מיר פרואוון צופיל אַריינצוקוקן הייסט מען אונז "מיינדן" אונזער אייגענע ביזנעס (כאילו די קינדער האָבן גאָרנישט מיט אונז). ממילא דאַרפן מיר ערשט אַהינצו קוקן צו פאַרשטיין וויאַזוי דאָס דעקט זיך אַלעס און וואָס עס דערציילט אונז וועגן דער סיסטעם. ווי מען זאָגט אויף ענגליש, "פאָלאָו די מאָני". ווייל טאַקע ביי דעם געלט זעט מען ווי די קינדער זענען אין דעם גאַנצן שפּיל קוים אַ טפל־שבטפלים.

לאָמיר אָנהייבן מיטן אויסדערציילן גאָר אַ גרויסן סוד. דאָס וועט איר קיינמאָל נישט הערן ביי אַ דינער, לייענען אין אַ שנאָרער־בריוול אָדער זען אין בודזשעטן וואָס מען דרוקט ערב אַ "רעסעפשן". דער סוד איז אַז דער חסיד'ישער חינוך איז פון די ביליגסטע זאַכן אויף דער וועלט. און לאָמיר תיכף מסביר זיין פאַרוואָס.

אין כמעט יעדער אָרגאַניזאַציע זענען די אָנגעשטעלטע, כלומר די לעבעדיגע בני־אדם וואָס מען צאָלט אַ געהאַלט, די ווייט גרעסטע הוצאה. מער ווי "רענט", מער ווי אַ "מאָרגעדזש", מער ווי ריבית אויף הלוואות און מער ווי די מאַשינען וואָס מען דאַרף צו פירן דעם ביזנעס. פון די הוצאות פאַר דעם פערסאָנאַל איז אוודאי דאָס געהאַלט די גרעסטע הוצאה אָבער ווייט נישט די איינציגסטע. עס זענען דאָ דערצו כלערליי שטייערן ווי "פעיראָל" און אַרבעטלוין־שטייערן, פעדעראַלע און שטאַטישע. דערנאָך איז דאָ דער קאָסט פון פענסיעס און אַנדערע בענעפיטן וואָס מען שטעלט אָפט צו. נאָך איידער זיי הייבן אָן אויף אַ שטעלע און אויף אָנצוקומען צו זייער פראָפעסיאָנעלער קוואַליפיקאַציע האָבן זיי געמוזט שטודירן עטליכע יאָר, דערנאָך מוזן זיי זיך באַהאַווענען אין דעם פאַך און ווען זיי אַרבעטן שוין מוזן זיי כסדר גיין אויף נאָך אַנטוויקל־פּראָגראַמען.

קומט אָבער אין אַ היימישן חדר און מיר שפּאָרן זיך איין די ריזיגע הוצאות. מיר דינגען נישט קיין פראָפעסיאָנעלן שטאַב ווייל אונזערע מלמדים און לימודי־חול־לערערס זענען ווייט פון פראָפעסיאָנעל. גייט זעט וויאַזוי מען רעקלאַמירט פאַר נייע מלמדים. "עס ווערט געזוכט אַ מלמד. ביטע רופט..." צום מערסטנס וועט שטיין "געזוכט אַ מלמד מומחה. גוטע אומשטענדן". און אַז דער שטאַב איז נישט פראָפעסיאָנעל האָט עס זיי נישט אָפּגעקאָסט צו שטודירן, עס האָט קיינעם נישט אָפּגעקאָסט זיי צו באַהאַווענען און דער קאָסט זיי צו דינגען איז ממילא אויך אַ שיבוש כלפי דעם וואָס עס קאָסט ביי געהעריגע שולעס.

אונזערע מלמדים צאָלט מען רעלאַטיוו ווייניגער טאַקע ווייל זיי זענען נישט באַהאַוונט. אויסער דעם רעלאַטיוו נידעריגן געהאַלט זענען פענסיעס ביי אונז ווייניג דאָ און אויך זענען נישטאָ ביי אונז קיין אַנדערע פריווילעגיעס. און אַז מען צאָלט אַ חלק צי אַלעס אין מזומן פאַרשטייט שוין יעדער וואָס עס פאַסירט מיט די שטייערן. אַ מלמד האָט אויך אַ שוואַכן כוח צו פאַרהאַנדלען ווייל קיין גרויסע ברירות האָט ער דאָך נישט. נישט נאָר

איז דאָ זיין גלייכן ככוכבי השמים לרוב נאָר אין זייער אַ סך פעלער טויג ער אויך כמעט נישט צו עפעס אַנדערש. און הא גופא אַז דער עולם, כולל די מלמדים, זענען אַזוי אָנגעוויזן אויף בענעפיטן איז נאָך אַ סיבה אַז מען קען צאָלן די מלמדים אַ נידעריגער געהאַלט. ווייל אַז דער מלמד קומט וויינען אַז ער קען נישט לעבן פון דער געהאַלט צייגט מען אים אָן אויפן פראָגראַם וואו ער קען נאַשן נאָך.

אין צוגאָב האָבן אונזערע חדרים אויך אַ קלענערן שטאַב און רעלאַטיוו וויניגער אָנגעשטעלטע. מיר דאַרפן נישט קיין שטאַבן פאַר קונסט, מוזיק און ספאָרט און אַנדערע פאָזיציעס וואָס געפינען זיך אין געהעריגע שולעס, ווייל מיר האָבן איין רבי שמואל און איין רבי אביגדור אויף אַ גאַנץ יאָר וואָס ער קען לערנען חומש מיט רש"י מיט משניות און גמרא און הלכה און ארחות צדיקים און שרייבן זונטאָג נאָכמיטאָג און אפילו טאַנצן ל"ג בעומר אַרום דעם פייער. אין ישיבות איז ווידער דאָס זעלבע. מיר דאַרפן נישט קיין שטאַב פון לערערס פון ענגליש און מאַטעמאַטיק און וויסנשאַפט און היסטאָריע און געאָגראַפיע. ביי אונז איז דאָ איין מגיד־שיעור אויפן יאָר, אַ שואל־ומשיב פאַר חזר'ן און אַ משגיח איבער אַלע. צום מערסטנס איז דאָ נאָך אַ מגיד־שיעור פאַר שיעור פשוט.

ווייטער אויף אונזערע לימודי־חול אין די חדרים, אַז עס איז אינגאַנצן נישטאָ אָדער בלויז קוימישע לימודי־חול זענען די קאָסטן אויך אינגאַנצן נישטאָ אָדער קוימיש. אפילו דאָס ביסל לימודי־חול וואָס מען לערנט יאָ זענען די לערערס היינטצוטאָג אויך על־פי רוב געוועזענע ישיבה־לייט וואָס קענען זיין לערערס בלויז אין חדרים און וואָס מען קען זיי באַצאָלן וויפל און וויאַזוי מען צאָלט ביי אונז.

אפילו אַז מען לייגט די קאָסטן פון אָנגעשטעלטע אין אַ זייט זענען די אַנדערע הוצאות אויך ביי אונז וויניגער. געביידעס זענען ביי אונז על־פי רוב שוואַך אויפגעהאַלטן, דאָס מעבל איז אַלט ווי דער גלות, און די גרויסע הוצאות אויף זיכערהייט (safety) און איינהאַלטן רעגולאַציעס וואָס נאָרמאַלע שולעס גיבן אויף דעם אויס אַ סך געלט שפּאָרן מיר זיך איין ווייל סייווי "פּאַסירן די זאַכן נישט". מיר דאַרפן אויך נישט קיין טייערע טעקסטביכער וואָס מען דאַרף כסדר דערפרישן, לאַבאָראַטאָריעס, רייעס פון קאָמפּיוטערס, אַ שטח אויף שפּילן און אַלערליי פשוט'ע זאַכן וואָס אָן זיי הייבט זיך גאָרנישט אָן אַ שולע. ביי אונז איז דאָ איין חומש וואָס דאָס

איז דער זעלבער יאָר נאָך יאָר, די משניות און גמרא קען מען נעמען ביים ברודער וואָס האָט עס געלערנט מיט אַ יאָר צוריק און צום מערסטנס הייסט מען די קינדער ברענגען אַ נייע "עוז והדר" גמרא מיט פינטעלעך וואָס פאַר דעם צאָלט אויך נישט דער חדר.

ביי די ניי געשפּראָצטע רבי'לעך וואָס באַלד האָבן זיי מוסדות קען מען אויך זען ווי רעלאַטיוו נישטיג געלט איז ביי אונז ווען עס קומט אויפצושטעלן און פירן מוסדות פון חינוך. ווען דאָס זאָל אָפּקאָסטן אַ מאַיאָנטעק וואָלט עס דאָך געדויערט צאַמצושטעלן. מיר דאַרפן אָבער נישט די אַלע הוצאות ווייל דאָס וואָס מאַכט ביי אונז אַ גוטן חדר אָדער שולע איז נישט דאָס זעלבע וואָס ביי אַנדערע. מיר האָבן נישט פאַרשידענע פּראָגראַמען, אינטענסיווע קורסן, אַ באַהאַוונטן שטאַב, סאָפיסטיקירטע איינאָרדענונגען און אַנדערע אויסריכטונגען און אַלעס אויף אַ געוויסן ניוואָ. ביי אונז איז גאָר אַ גוטער חדר וואו עס פאַרהערן זיך אַ סך קינדער פופציג משניות אָדער צוואָנציג בלאַט גמרא בעל־פּה אַ פּאָר מאָל אַ יאָר. נו, וויפל קלערט איר לייגט דאָס צו צום בודזשעט?

אמת, מיר האָבן געביידעס אויף טייערע שטחים אָבער דאָס זענען איינמאָליגע קאַפּיטאַל־קאָסטן, אויף דעם באַקומט מען אַ "מאָרגעדזש" און צו דעם זענען אויך אונזערע גבירים גרויסע מחותנים. זיי האָבן שטאַרק ליב צו זען זייער נאָמען אויף די ווענט אָבער אויף וואָס עס טוט זיך צווישן

די ווענט פרעגט מען זיי נישט און קוים אינטערעסירט עס זיי. אונזערע געביידעס זענען אויך רעלאַטיוו קלענער לויט דער צאָל תלמידים ווייל ווי געזאָגט, אַ גרויסן שפּיל־שטח דאַרפן מיר נישט און אַז מיר האָבן נישט קיינע איינזאַמלונגען (assemblies) פאַר אַלע קינדער דאַרפן מיר נישט קיין גרויסן זאַל פאַר די קינדער. אַ שמחה־זאַל דאָס איז שוין יאָ אַ פליכט אָבער עס איז דאָרט צו ברענגען אַ הכנסה און האָט דאָך נישט צו טאָן מיט די קינדער. מיר האָבן אויך פיל קליינע תלמוד־תורה׳ס פון קליינע באַוועגונגען וואָס די קאָסטן זענען צו דעם אויך רעלאַטיוו ווייניג.

אַז דאָס אַלעס איז געזאָגט איבער די אַלגעמיינע קאָסטן פון פירן אַ תלמוד־תורה איז אונזער חינוך ביליג אויך פאַר די עלטערן. איך דאַרף קיינעם נישט זאָגן ווי ווייניג שכר־לימוד חסיד׳ישע עלטערן באַצאָלן אַקעגן דעם וואָס עס קאָסט אין אַלגעמיין אין פריוואַטע שולעס. איז איידער מיר גייען ווייטער מוזן מיר דאָ עפּעס פאַרשטיין. וויאַזוי קען זיין אַז אונזערע מוסדות קענען עקזיסטירן מיט אַזוי ווייניג שכר־לימוד? ווי קען זיין אַז מען זאָל קענען אויפציען קינדער פאַר אַרום 350$ אַ חודש און אָפּט אפילו ווייניגער ביי אָרעמערע און גרעסערע משפחות ווען ביי חרדי׳שע אָבער נישט־חסיד׳ישע שולעס רעכנט מען מער ווי 500$ אַ חודש און ווער רעדט נאָך אין די בעסטע מאָדערן־אָרטאָדאָקסישע שולעס וואו מען רעכנט צווישן 30-40 אלפים אַ יאָר?

אמת, מען דאַרף ביי אונז ווייניגער ווי איך האָב שוין דערמאַנט און מען נאַשט ביי אונז אויך פון ציבור׳ישע געלטער פון אַ סך פּראָגראַמען. מיר האָבן אויך די מגולח׳דיגע פילאַנטראָפּן וואָס זענען יוצא ע״י שליח די פליכט וואָס זיי שפּירן צו זייערע גאַליציאַנער און פּוילישע זיידעס. צו באַדעקן זייערע שולד געפילן, באַצאָלן זיי אַז אונזערע קינדער זאָלן בלייבן איגנאָראַנט, כאָטש עס וואָלט זיך זיי נישט געחלומ׳ט דער סאָרט חינוך פאַר זייערע אייגענע קינדער און אייניקלעך. אָבער מיט דעם אַלעם איז ביי אונז נאָך אַלץ שטאַרק ביליג. און עס פרעגט זיך, פאַרוואָס? די מוסדות מוזן שנאָרן כדי אָנצופילן די לעכער און די שאלה איז פאַרוואָס רעכנט מען נישט מער ביי די עלטערן? סוף־כל־סוף זענען דאָך די מוסדות כלומר׳שט פאַר די קינדער, איז פאַרוואָס בעט מען ביי די עלטערן אַזוינע נישטיגע פרייזן?

מען קען נישט פרעגן די שאלות אָן אין באַטראַכט צו נעמען אונזערע רעלאַטיוו גרויסע פאַמיליעס און ווען מען זאָל רעכענען פאַר יעדן דעם

פולן פרייז וואָלט אונזער סיסטעם באַלד צאַמגעפאַלן. עס קען אויך זיין אַז היסטאָריש גערעדט האָבן די חסידים געדאַרפט נאָכפאָלגער און צוליב דעם האָבן זיי סובסידירט זייערע מוסדות און דאָס איז שוין אַזוי פאַרבליבן בפרט אין חדרים. (עס איז נישט צופעליג אַז היינט וואָס מען וואַרפט זיך מער מיט קינדער העכערט מען אויך דעם שכר־לימוד.) ווי מיר האָבן שוין געשריבן זענען מוסדות אַ מיטל סיי צו קאָנטראָלירן די חסיד׳ישע באַפעלקערונג ווי מען זעט למעשה איבער סמאַרטפאָנס און סיי אַ פאַבריק פאַר ציפערן פאַר די פאַרטייען. ממילא איז כדאי פאַר די חסידות׳ן צו סובסידירן דעם חינוך ווייל עס העלפט זייער דעמאָגראַפיק און עס גיט אויך פרנסה פאַר די געלטשאַפערס און די אָנגעשטעלטע.

לאָמיר אָבער זאָגן אַז דאָס אויבן דערמאַנטע איז אַלעס ריכטיג איז נאָך אַלץ שווער. פאַרוואָס זאָל מען נישט שטעלן אַ רעאַליסטישן פרייז וואָס עס קאָסט באמת און דאָס פאַרלאַנגען פון די וואָס קענען באַצאָלן ווי עס איז דער שטייגער איבעראַל? די וואָס קענען נישט קען מען שטיצן אָבער זאָלן כאָטש די פאַרמעגליכע און די מיטל־פאַרדינערס צאָלן לויט וואָס עס קאָסט ווי איידער די מוסדות זאָלן זיך אַזוי שטאַרק פאַרלאָזן אויף נדבות און אויף די כלערליי פראָגראַמען. פיל פון די נדבנים ביי "דינערס" און עליות־קויפן און שנאָדערן זענען אויך עלטערן און זיידעס פון די זעלבע קינדער, איז פרעגט זיך פאַרוואָס ווי איידער נעמען ביי זיי צדקה רעכנט מען נישט לכתחילה אַ העכערן פרייז פאַר שכר־לימוד פאַר די עלטערן? און פאַרוואָס זאָלן נישט די זיידעס און באַבעס העלפן באַצאָלן פאַר זייערע אייניקלער ווי איידער געבן דירעקט פאַר די מוסדות בתורת נדבה?

דער ענטפער דערצו איז אָבער אַ פשוט׳ער כאָטש אַן אומאַנגענעמענער וואָס ווערט נישט יעדן געפעלן. מיר האָבן ליב צו באַצאָלן פאַרן לעקן און נישט פאַרן נוצן. מיר זענען ברייטהאַרציג אַלס פילאַנטראָפן ווי איידער אַלס קאָנסומענטן ווייל דער כבוד פון זיין אַ נדבן איז פיל חשובער ווי די ווערדע און "דיגניטי" פון אל תצטרך לבריות. אויף שכר־לימוד ווילן מיר צאָלן אַ שיבוש און מאַכן אַ ויצעקו אַז מען העכערט די קאָסטן, נאָר פורים איז מען אַ שיינער איד ווייל מען שטופט פאַרן מלמד אַריין אַ מאה׳לע. און דער כאַבאַר ווערט אויך פאַרזיכערן אַז דער רבי ווערט בעסער באַהאַנדלען דאָס תכשיט׳ל. אויפן "דינער" קומט מען אָן ווי אַ ראָטשילד פאַרן דיאַמאַנט־בלעטל אין דער בראָשור אָבער דעם שכר־לימוד־קאַסירער איז מען דוחה בלך ושוב.

זאָל זיך אָבער קיינער נישט איינרעדן אַז מיר קומען אַרויס דערפון לייכט. אית מאן דפרע בגופיה ואית מאן דפרע בממוניה און ביי אונז צאָלן מיר מיט אונזערע קינדער אַליין. מיר ציען זיי נישט אויף צו זיין נוצליכע בירגער און מיר דינגען נישט אַנדערע זיי אַזוי אויפצוהאָדעווען און זיי ווערן טאַקע נישט קיין נוצליכע בירגער. זיי וועלן זיך אויסהאַלטן פון "וועלפער", שנאָרעריי און שוואַרצע געשעפטן אָבער די עלטערן האָבן זיך געקענט לאָזן וואוילגיין אָן דעם אַז דער חינוך זאָל זיי ריכטיג אָפקאָסטן. די מוסדות ווייסן אויך וויפל עס פאַראינטערעסירט די עלטערן דער גאַנצער ענין פון חינוך און כל־זמן די קינדער פירן זיך אויף אידיש, מען האַלט זיי אין חדר אויף לאַנגע שעה'ן און די קאָסטן זענען צו פאַרדייען, וועט זיך קיינער נישט אָפרעדן און מען וועט אויך נישט צופיל בודק זיין די ציצית ביי די עסקנים.

אָט די תוצאות זענען נישט נאָר ביי די קינדער נאָר ביי אונזער גאַנצער געזעלשאַפט וואָס מיר צאָלן דעם פרייז פון זיין אַזוי אָנגעוויזן אויף גבירים. מיר זאָגן יעדן טאָג אל תבטחו בנדיבים כאָטש למעשה איז אונזער געזעלשאַפט פאַרשקלאַפט צו אַ קאָנספיראַציע פון גדולים און אָליגאַרכן אונז צו פירן ביי דער נאָז. און טאַקע ביי אונזער חינוך־דעפיציט וועט איר געפינען סיי דעם גורם און סיי די תוצאות פון אָט דעם אָנגעוויזנקייט און פאַרוואָס דער בעל־המאה האָט ביי אונז אַזוי די דעה.

• קאַפּיטל י"א •

פאַרוואָס טוען מיר דאָס צו אונזערע קינדער?

דאָס שילדערן די פּראָבלעמען איז גאָרנישט שווער ווען זיי זענען אַזוי אָפן און ברייט אַז מען דאַרף זיין בלינד זיי נישט צו זען. נאָר היות אַז אם אין תיישים אין גדיים מוזן מיר זיך צוריקקערן און זיך אַליין באַטראַכטן. סוף־כל־סוף אַז מען קוקט זיך אום אויף די תלמוד־תורה'ס און מען פרעגט זיך, מי ילד לי את אלה? איז די תשובה, אונז אַליין. פון אונז קומען די מחנכים, די מנהלים און די מלמדים און מיר שטעלן צו די קינדער. זיי זענען אונזערע קינדער, אייניקלעך, משפחה, שכנים און פריינט. ממילא איז די קשיא אויף

אונז. אָן די טויזנטער טאַטעס און מאַמעס וואָס שיקן אַהין זייערע קינדער וואָלטן די אינסטיטוציעס נישט געהאַט קיין שריד־ופליט, איז פאַרוואָס זענען מיר אַזוי מקריב אונזערע קינדער?

די פשוט'סטע סיבה איז אַז אין חסיד'ישע געגנטן איז דער אויסוואַל פון אַלטערנאַטיווע חדרים גאָר שוואַך. דאָס איז טאַקע אמת און אַ טאַטע און מאַמע וואָס זוכן אַן אַנדער סאָרט תלמוד־תורה וועלן זיך דערצו פלאָגן ווייל זיי זענען פשוט נישט בנמצא. די פּאָר עטוואָס "מאָדערנערע" סאָרט תלמוד־תורה'ס נאָר דאָך מיט אַ פרומערן טעם וואָס זענען גענוג נאָנט אַז מיר זאָלן קענען דאָרט איינשרייבן אונזערע קינדער ווילן אויך נישט אָננעמען חסידים. ממילא האָבן מיר לכאורה אַ תירוץ אַז עס איז פשוט נישטאָ קיין אַנדערע ברירה.

עס איז אָבער אויך אמת אַז די סיבה אַז דער אויסוואַל איז אַזוי באַגרעניצט איז ווייל עס איז נישטאָ דערצו אַ פאַרלאַנג. אין אונזערע קהילות ווען מען קלויבט אויס אַ שולע פאַר די קינדער (אין פאַל אַז מען קלויבט זיך בכלל און דער בת־קול פון פערציג טעג קודם יצירת הולד האָט נישט אויך אַנאָנסירט דעם קינד'ס תלמוד־תורה) איז די פראַגע נישט וואָס טויג פאַרן קינד נאָר וואָס וועט דער עולם זאָגן און צי וועט דאָס אינגל אין אַזאַ תלמוד־תורה אויסזען "היימיש" ווי אונז פאַרשטייען מיר דאָס וואָרט. ממילא אַז מען זוכט נישט אַזוינע שולעס זענען זיי טאַקע נישטאָ און ווען עס זאָל זיין דער פאַרלאַנג וואָלטן די מוסדות שוין נאָכגעקומען. והדרא קושיא לדוכתא און מיר דאַרפן פאַרענטפערן פאַרוואָס זענען מיר אַזוי פאַרקויפט פאַר דער חדר־סיסטעם.

איינער פון די עיקר סיבות קלער איך איז פחד. פשוט און פראָסט פאָרכט צו גיין קעגן דעם שטראָם. מורא פון דער רעאַקציע פון נאָנטע און באַליבטע, מורא פון וואוהין דאָס קען צופירן און מורא צו שטיין אויף די אייגענע פיס און טון אַ זאַך על דעת עצמו.

דער ערשטער פחד - און דער אויבערפלעכליכסטער - איז דער פחד פון קינד־און־קייט, פאַמיליע און פריינט, און אין אונזערע שטאַרק פאַרקניפטע פאַמיליעס און קהילות קען דאָס הייסן באַלד אַ האַלבע שטאָט. די קינדער פון ברידער און שוועסטער, שוועסטערקינדער און שוועסטערקינד'ס שוועסטערקינדער פוןביידע צדדים, שכנים, חברים, חברט'עס, פיר פיפטל פון די קינדער אין דעם שטיבל און קען אפילו זיין רוב קינדער אויף דער

גאַס וואו מען וואוינט, אַלע גייען זיי אין דעם זעלבן חדר. און אפילו אַז מען געהער נישט צו אַ באַשטימטן חסידות אָדער מען דאַוונט נישט ביי דעם אייגענעם חסידות גייען אַלץ רובא דרובא קינדער אין דעם שטיבל אין דעם זעלבן סאָרט חדר. איז דאַרף מען נישט צופיל זיך פאָרצושטעלן צו פאַרשטיין וויאַזוי עס וועט אויסזען אַ יוצא־דופן פון עלטערן מיט אַ אינגל וואָס גייט אין עפעס אַ מאָדערנעם חדר.

די וואָס האָבן שוין געפּרואווט אָפּצוטרעטן פון די פּיאַטעס פון די שאָף אפילו אויף צוויי טפחים קענען מעיד זיין ווי מיר רעאַגירן אויף אַזוינע שריט ווי שיקן די אינגלעך צו אַנדערע סאָרטן חדרים. עלטערן און זיידעס און באַבעס קרומען מיט דער נאָז, און דאָס איז צום בעסטן, שווער־און־שוויגערס סטראַשען מחני נא מספרך און מעק מיין נומער, אין שול וועט מען וואַרפן שטעכווערטלעך און אפשר אינגאַנצן אַרויסשטעלן, אַז איר האָט געהאַט די מינדסטע חזקה אפילו פון אַ גלילה שבת ביי מנחה אויף פרשת קורח וועט מען עס ביי אייך אויך צונעמען און קוים וועט מען אייך מצרף זיין אויף ערב ראש־השנה צו התרת־נדרים. נאָך ערגער איז ווען מען הערט אויף זאָגן. בליקן פליען אויף די גאַסן, פריינט קוקן אַוועק אין אַ זייט אַזוי ווי איר קומט זיי אין אויסבליק, דער וואַרעמער גוט־שבת־זאָגער איז קאַלט ווי אייז און דער מזל־טוב־געבער וואָס שטעקט אויס אַ האַנט פון אַ מייל אַוועק איז ווי פאַראַליזירט. דערנאָך קומען די הרחקות. שכנים וועלן נישט לאָזן די קינדער קומען שפּילן,ביים שבת־טיש וועט מען אַרום אייך שושקען, מען וועט רעדן צום אינגל אין אַ פּאַטראָניזירנדיגן פאַרהאַקטן ענגליש, אים פרעגן קלאָץ־קשיות און שמייכלען ווייל ער איז דאָך נישט קיין היימישער. בקיצור, דעם קליינעם און די עלטערן וועט מען פאַרוואונדן מיט די טויזנטער פאַר'סמ'טע פיילן ווי בלויז מיר קענען.

און אַז די עלטערן זענען אויפגעקלערט און קומען אויך מיט דעות האָט מען פאַר זיי מורא. דאָס זיין רייכער פון יענעם און אַ גרעסערער קנאַקער איז ביי אונז אַ חלק פון דער "געים" אָבער מיטן וועלן זיין קליגער פון אונז רירט עס שוין אָן אין דער גיד־הנשה. אין זיין אייגענעם קרייז מעג ער רעדן און שימפן על ה' ועל משיחו, מען וועט מיט אים מיטלאַכן ביי שלום־זכר'ס און אויף קידושים, ער וועט זיך מעגליך אפילו איינקויפן אַ נאָמען פון אַן אייזערנעם קאָפּ, אַ געשליפענער צונג, אַ "דזשיניוס", און אפשר גאָר אַזאַ ליבליכן אפיקורס, אָבער נאָר כל־זמן עס איז מיטן מויל. טו נאָר אָבער עפעס

למעשה, עס מעג זיין איבער אַ זאַך וואָס מען שמועסט איבער כסדר מיט חברים און אַלע זענען מסכים, אָבער וויבאַלד מען טוט נאָר עפּעס דערצו ווי איידער רעדן דערפון נאָכאַמאָל און נאָכאַמאָל איבער אַ קאַווע און ביי שלש־סעודות, און צוימען שפּראָצן באַלד אויף. מען דאַרף דיר נישט קיין סך זאָגן, נאָר ווי עס שטייט אין תהילים, "יפטירו בשפה יניעו ראש," בלויז אַ צי מיט די ליפּן און אַ שאָקל מיטן קאָפּ וועט פאַרזיגלען דעם גזר־דין.

אין אַ פּאָר יאָר אַרום וועט מען דיך אפשר מקרב זיין אָבער דערוויייל ביסטו ווי דער בן־רשע, ולפי שהוציא את עצמו מן הכלל כפר בעיקר, כלומר גאָר פאַרקערט. ביי אונז איז כופר זיין בעיקר נישט האַלב אַזוי שלעכט ווי זיך מוציא זיין מן־הכלל. מיטאַמאָל ביסטו פרוסטרירט, פאַרביטערט, צעדרייט, דיינע קילקייטן זענען סתם גראָבע תאוות און איבערנאַכט פאַרלירסטו די שיין און גלאַנץ פון אַ יונגערמאַנטשיק. די זיסקייט וואָס מען קען פון דיר אויסקוועטשן ווי פון אַ שטיקל היימישן לעקעך וועפט פון דיר אויס, און אַנשטאָט דער וואַרעמקייט פון אַ היימישן משבחים ואומרים זעט מען אין דיר בלויז אַ פאַרפרוירענעם ברוך יאמרו.

אפילו אַז נישט ביי יעדן איז דאָ אַזאַ רעאַקציע זענען בדרך־כלל די פחדים דערפון אַליין אויך גענוג אַ סיבה נישט צו נעמען אַזוינע שריט. נאָר פונדעסטוועגן זענען דאָס פון די שוואַכערע סיבות. פון די אויבן דערמאַנטע

סאָרטן פחדים איז משמע אַז פאַר די עלטערן חלש'ט זיך אַריינצוגעבן דעם זון דאָרט וואו מען לערנט לימודי־קודש מיט אַ מאָס און אויף אַ העכערן ניווּאָ און אויך לימודי־חול אויף צו וויסן און קענען, נאָר זיי קענען נישט אויסהאַלטן דעם פחד פון שווימען אַנטקעגן דעם שטראָם. דער אמת איז אָבער על־פי רוב נישט אַזוי. כאָטש עס זענען דאָ גענוג און נאָך אין אַזאַ מצב זענען זיי בדרך־כלל פון די מער אינטעליגענטע, דענקען פון אינעווייניג אָבער ווייזן נישט אַרויס קיין חיצוניות'דיגע סימנים. זיי ליידן טאַקע פון דורכמאַכן זייערע קינדער אין דער סיסטעם אָבער אין זייער מצב שפּירן זיי אַז זיי קענען נישט עפּעס אַנדערש ווייל לפּנים גייען זיי דאָך אינגאַנצן מיטן שטראָם.

עס זענען אָבער דאָ גאַנצע שיכטן פאַמיליעס וואָס גייען מער־ווייניגער אין דער מיט פון דעם היימישן שטראָז און מען קען נישט זאָגן אַז פחד האַלט זיי אין אַלגעמיין אָפּ. עס זעט זיך גאָרנישט אויס אַז זיי האָבן די אויבן־דערמאַנטע פחדים אין זייער אַלגעמיינעם לעבן. ווען עס געפעלט זיי טוען זיי זיך אָן עטוואָס אַנדערש און זייער אויפפירעכץ איז נישט שטענדיג אויף אַזאַ טראַדיציאָנעלן אופן. צו דעם זענען דאָ די וואָס זייער לעבנס־שטייגער איז היפּש ווייטער אָפּגערוקט פון דעם גייסט פון די מוסדות און פון די טראַדיציעס פון זייערע פאַמיליעס און פונדעסטוועגן לויפן אויך זיי איינצושרייבן זייערע קינדער אין די מוסדות. איז וואָס איז זייער חשבון און זייער פחד ווען אין אַנדערע ענינים חוץ די קינדער האָבן זיי נישט צופיל מורא פון וואָס דער עולם אָדער זייערע עלטערן וועלן זאָגן? עס איז שווער בכלל צו זאָגן אַז פשוט'ער פחד האַלט זיי אָפּ ווייל אין רוב פעלער קלערן זיי אפילו נישט דעריבער, נאָר דאָך דאַרפן מיר אַלץ פאַרשטיין וואָס איז זייער חשבון.

דאַן קומען מיר צו אַ סיבה וואָס גייט היפּש טיפער און איז פיל מער קאָמפּליצירט ווי סתם פּראָסט פחד. איך רוף עס אומזיכערהייט און איך מיין נישט פשוט אַז זיי זענען נישט גענוג זיכער זיך קעגנצושטעלן דער סיסטעם, כאָטש אוודאי דאָס אויך. איך רעד מער פון אַ זעלבסט־אומזיכערהייט. אַן אומזיכערהייט איבער זייער לעבנס־שטייגער צי עס איז טאַקע באמת אויסגעהאַלטן און צי איז עס אויסגעהאַלטן עד־כדי־כך אַז זיי זאָלן למעשה אַזוי אויפציען זייערע קינדער. דאָ ליגט שוין עפּעס אַנדערש און גייט אַריין אינעם תוך פון אונזער לעבנסטיל.

לאַמיך מסביר זיין. דאָס יונגע פּאָרפּאָלק וואָס דאַרף איינגעבן זייער זון אין חדר צום ערשטן מאָל זענען יונג נישט נאָר אין יאָרן נאָר אין דערוואַקסנקייט (maturity) אויך. זיי ווילן זיין קיל, זיי ווילן די גוטע זאַכן וואָס די וועלט האָט פּירצולייגן ווייל עס איז גוט, ווייל עס איז פריי, ווייל עס גלוסט זיך און ווייל עס איז זייער ערשטער טעם פון פרייהייט. וואָס פעלט אָבער איז אַן אינטעלעקטועלער באַזיס פאַר זייער אויפפירעכץ און טאַקע פאַרדעם איז אָפט דאָס גשמיות אַזוי פאַרגרעבט. שייטלען וואָס שוועבן אין דער ווינט, שמאָלע "טי־שירטס", און מאָדערנערע קליידונג גיט זיי אַ קילקייט צווישן זייערע פריינט אָבער ברגע וואָס די קינדער זענען נישט אויס ווי די צוקער־זיסע פאָרטרעטן מיט שטייפע פיאות, אַ טיף־שוואַרץ סאַמעטן קאַפּל מיט נול געשניטענע האָר זענען זיי "לוזערס" אפילו אין זייערע אייגענע אויגן. צי אויף קינדער וואָס ברעכן זיך די ציין איבער אידיש און זיצן ווי קעלבלעך ביים טיש און ביסט שוין נישט דער קאַפּיטאַן וואָס מען האָט דיך געהאַלטן.

און דאָס גיין אַליין, זיך אויסטרעטן אַן אייגענעם שטראָז נישט נאָר אָן דעם חיזוק פון אַ כלל נאָר מיט דעם כלל'ס קעגנערשאַפט איז נאַטירליך מעורר שאלות און ספקות. לעבן טאַקע היינטצוטאָג אַזוי פיל מענטשן, צענדליגער טויזנטער פאַמיליעס, הונדערטער טויזנטער נפשות, איבער דער גאָרער חסיד'ישער וועלט אַלע אין אַ טעות? און אונזערע זיידעס פון דורות צוריק, האָבן אויך אַלע געלעבט אין אַ טעות? בלויז איך בין דער חכם, נאָר איך פאַרשטיי? און איז דען טאַקע ביי אונז אַזוי שלעכט? מיר האָבן דען נישט אַ קיום? עס איז דאָ ביי אונז געלט לרחצה, מיר האַלטן אין איין איינהאַנדלען שטחים פאַר אונזערע מוסדות, מיר שטעלן אויף געביידעס אין דער לענג און דער ברייט, אונזערע נישט־געבילדעטע דערשיינען אין די נייעס איבער געשעפטן פון מיליאַרדן, פּאָליטיקאַנטן קלאַפּן אָן אין אונזערע טירן און אַכפּערן אונזערע רבי'ס, מיר וואַלגערן זיך אין די שענסטע קאַרס און פליען אין ערשטער קלאַס אַרום די פיר עקן וועלט. איז וואָס פעלט אונז דען און וואו געפינט דערלייגן מיר?

אַריינגעפלאָכטן אין די ספקות איז אונזער אַלגעמיינע מסורה אַז די קינדער זאָלן ממשיך זיין אונזער אידענטיטעט און גיין בדרכי התורה וואָס איז באמת אַ יסוד פון אידישקייט. נאָר ביי אונז מיינט עס גיין דעם זעלבן הוט, די זעלבע לענג רעקל, דאַוונען אין דער זעלבער שול און געהערן צו דער זעלבער געמיינדע. כאָטש אומגעזאָגט, איז דאָס לכאורה אונזער גרעסטער

ציל והא ראיה אַז אויף דעם זענען מיר צום מערסטן מצליח, ופוק חזי כמה שטריימל ובעקעשעס איכא בשוקא. אַריינגערעכנט אין דעם איז אויך אַז די קינדער זאָלן נישט איבערקליגן די עלטערן. קענען בעסער לערנען, דאָס יאָ, אָבער קענען לימודי־חול אויף א פאַרנעם וואָס קען פירן די קינדער צו זיין קריטיש אויף די עלטערנ'ס לעבנס־שטייגער, פון דעם האָט מען מורא. אַז די טאַטעס רעדן ווי אימיגראַנטן ווילן זיי נישט אַז די קינדער זאָלן זיי אָנקוקן ווי אימיגראַנטן, און ממילא איז די עצה דערצו אַז מען ציט אויף די זין אַז זיי רעדן גאָרנישט בעסער. און אַזוי איז אין אַלע פעלדער פון וויסנשאַפט. וואָס דאַרפן מיר זיך פאַרמעסטן מיט קינדער וואָס שטייגן אונז איבער? לאָמיר פאַרזיכערן אַז זיי ווערן אויך נישט אויפגעצויגן און אַזוי וועט מען זיך איינשפאָרן די אַלע אומאַנגענעמליכקייטן. און אַלעס איז לשם־שמים אַז מיר זאָלן קענען ווייטער גלייבן אין ירידת־הדורות און עדות זאָגן דערויף מיט אונזערע אייגענע קינדער.

אין די געדאַנקען קאָכן זיך אויף פסוקים, מדרשים און מאמרי חז"ל, די מעשיות וואָס יעדע משפחה גיט זיך איבער מדור־לדור, וואָס מען דערציילט ביים סדר און מען גראַמט אויס ביי מצווה־טאַנצן אין די פריע שעה'ן. איבער אידן און אידענעס וואָס האָבן זיך מוסר־נפש געווען אויף אַ קוצו־של־יוד און תלמידי־חכמים וואָס האָבן זיך ממית געווען באהלה של תורה. כמעט יעדער פון אונז האָט אין זיין פאַמיליע עמעצן וואָס איז דורך דער קריג און אַ גרויסער חלק קען נאָך צי האָט געקענט אַזוינע זיידעס און באַבעס. און

דאָ שפּירט דאָס פּאָרפּאָלק אַז זיי גייען אָפּשניידן די קייט וואָס ציט זיך ביז די אבות־הקדושים. איז פאַר אַ ביסל "עי־בי־סי" פאַר זייער יאַנקעלע וועלן זיי אונטערהאַקן דעם בוים וואָס די צווייגן פלעכטן זיך אַרום מזרח־אייראָפּעאישע שטעטלעך מיט עקזאָטישע נעמען וואָס ערוועקן מלאכים־ושרפים? זיי האַלטן זיך אפשר פאַר קלוג אָבער נישט אויף אויסצורייסן די וואָרצלען וואָס מען האָט איינגעפלאַנצט אַרום באַרג סיני. פאַר זייערע "סעלפישע" תאוות וועלן זיי נישט צעבלאָזן דאָס אוישוויצער אַש זיך אַליין אַריין אין פנים.

דאָס זאָגט מען נישט אַרויס אַזוי בפירוש און גראָב ווייל עס זאָגט זיך אַליין. מען רעדט דאָך דאָ נישט פון מחללי־שבת אָדער אוכלי נבלות וטרפות אָדער האַלבע און דריי־פערטלדיגע "אָ־טי־די"־חברה וואָס אַלס אַ לעצט מיטל דאַרף מען זיי אַזוי געמיין שאַנטאַזשירן. מיר רעדן דאָך דאָ פון יונגע פּאָרפּאָלקן וואָס זענען שומר־שבת, עסן כשר, אַ סך גייען דריי מאָל אַ טאָג אין שול, כראָפּען נאָכן טשאָלנט און אין אַלגעמיין פירן זיי זיך אידישליך. סך־הכל פרעגן מיר פאַרוואָס ווען אין זייער לעבן גייען זיי אויף פּאָראויס, שטעלן זיי די קינדער אויף צוריק.

פאַר אַזוינע דאַרף מען נאָר דערמאָנען אַ האַלב וואָרט, אַ בליק, אַ תמימות'דיגע שאלה און דער רעשט איז בעסער אומגעזאָגט. זיי קענען זיך מיט יעדן טענה'ן נאָר ווען די שולדגעפילן מערן זיך אין זיי אַליין העלפן נישט די אַלע קלוגע תירוצים. דער פועל־יוצא איז בערך ווי אַ יונגערמאַן האָט מיר אַליין געזאָגט: איך בין טאַקע אַ בעל־עבירה, איך טו אָפּ וואָס איך טו אָפּ, אָבער גיין אַזוי אויפהאָדעווען די קינדער דאָס קען מען נישט. כאָטש זאָלן זיי בלייבן ריין און לויטער און געטריי לה' ולתורתו. דער אָ "בעל־עבירה", דרך־אגב, גייט אין שול דאַוונען דריי מאָל אַ טאָג, זיין פרוי פירט טאַקע אַ קאַר אָבער ער איז קובע עתים לתורה, גייט די שמונה בגדים, האָט אַן איידעלן כאַראַקטער און פירט זיך צו גאָט און צו לייט.

דאָס וואָס זיי האָבן מער מורא פאַר זייער אייגענעם חוות־דעת ווי פאַר יענעמ'ס אויסגעטראַכטער כלומר'שטער מסורה זענען זיי אַליין אַ קרבן פון דער זעלבער סיסטעם. אַז זיי קוקן אַ פּאָר פילמען און לאָזן אויך די קינדער זען פילמען איז עס אַ בדיעבד ווייל "אַ מענטש איז דאָך פאָרט אַ מענטש", אָבער לגופו של ענין שפּירן זיי אַז זיי קענען זיך נישט אַליין געטרויען. זייערע שולדגעפילן עגבערן ביי זיי אַז אחרי ככלות הכל ליגט דער דרך־הישר ביים

רבי'ן און אין דער סיסטעם ומניה לא תזוע. אמת, אין אַן אַנדערן שמועס קען מען טאַקע שפּעטן אַז דאָס איז משוגע פרום, און די חומרא האָט דער רבי נישט געמיינט נאָר פרומע משוגעים פאַרדרייען אים אַ קאָפּ, און יענץ איז נישט ממש אַזוי. נאָר פאַרדעם איז טאַקע אויף אַלעס דאָ אַ תירוץ ווייל בעצם איז בני ישראל לא יעשו עוולה און דער כללות פון דעם חסיד'ישן גאַנג איז בשלימות.

אָדער אין אַנדערע מאָמענטן ווערט מען פאַרשטעקט מיט דעם שטאָקהאָלם־סינדראָם און מען "פאַרשטייט" גאָר די סיסטעם וואָס אין עקסטרעמע פעלער פלאָגט עס זיך זיי אפילו אויסצושפייען. דער פאַרשקלאַפטער וועט אייך אַליין זאָגן, דאָ געהער איך און דאָס זענען די לאָקאַלע געזעצן, הלכות און "רולס", און אַז איך בין דאָ האָבן זיי אַ רעכט צו פאַרלאַנגען און איך מוז מיך צושטעלן. דאָס הייסט די הלכות פון בפרהסיא, כלומר די הלכות פון בערד און שייטלען און פאַרבאָטן פרויען צו "דרייוון" און חיובים אויף זיך שערן און אַלע אַנדערע זאַכן וואָס עס איז דאָ ביי זיי משום מראית העין, אויף דעם אַלעס מוז מען מקפיד זיין. מה שאין כן דאָס וואָס מען טוט אינדערהיים אָדער אויף וואַקאַציע אָדער מוצאי־שבת אין שטאָט, נו, אויף דעם איז והוא רחום יכפר עוון.

גראָבט אָבער עטוואָס טיפער און איר וועט הערן דעם גרעסטן פחד וואָס ליגט טיף איינגעבאַקן ביי יעדן חסיד. דאָס לעקט מען מיט דעם האָניג אויפן רבינ'ס שויס, דאָס נאַשט מען מיט די קרי"ש־לייענען־פעקלעך און מען שלינגט עס מיטן רבינ'ס שיריים. דאָס איז דער פחד פון טויש. דער באַגריף אַז מען רירט זיך פון דעם חסיד'ישן דרך אפילו אַ חוט־השערה איז עס נישט נאָר דער סוף־פּסוק פון אידישקייט נאָר פון מענטשליכקייט אויך. איר וועט זיין אַ "לוזער", אַן אויסוואָרף, אַ מחוץ־למחנה'ניק, און ווי אַ גר־צדק מיט אַ בעל־תשובה אינאיינעם. און פאַרשטייט זיך אַז איר וועט נישט זיין "העפּי", ווייל כידוע איז "העפּינעס" מנת חלקו פון יעדן חסיד וואָס ווייקט זיך ביים רבי'ן און אַז איר לאָזט אונז איבער געזעגנט איר אייך פון דעם מקור השמחה לעולם ועד.

אונז ציט מען אויף צו נעמען דעם גשר צר מאד פשוטו־כמשמעו. מיר לעבן כאילו עס איז גיהנום פתוחה מתחתיו און מיט איין קליינעם אָפּקער פאַלט מען באַלד אַריין אין שאול־תחתית. מיט אַזוינע דראָענישן איז לייכט צו גלייבן אַז מיטן שיקן אַ זון אין אַ נישט־חסיד'ישן מוסד ריזיקירט מען די

צוקונפט פון די קינדער און קינד'ס־קינדער עד־סוף־כל־הדורות. ווייל דאָס וואָס מען איז עובר דאָ און דאָרט אַן עבירה'לע, מען פאַרפעלט אַ מנחה צי מען פאַרגעסט אַ תפילין־לייגן איז בשוגג, באונס, מחמת טרדת הזמן און נישט יעדער קען ביישטיין נסיונות. אָבער שיקן אַ קינד אין "פרעמדע" מוסדות איז אַ לעבנסטויש וואָס איז נישט מכוח תאווה און נישט מחמת מאַטעריאַליסטישע חשבונות נאָר מיטן פולן מוח און מיט אַ לשם ייחוד פאָראויס אַז אונזער סיסטעם טויג נישט און דאָרט איז בעסער. און אויף אַזאַ עקסטרעמער אָפנייגונג זאָגט שוין דער פסוק, ואחריתה דרכי מות.

וואָס זיי נעמען אָבער נישט אין באַטראַכט איז אַז דער כלומר'שטער שאול־תחתית איז אינגאַנצן אַ שולע וואו אַלע קינדער זענען שומרי־שבת, גייען קאַפּלעך און פיאות, וואו מען לערנט חומש־רש"י, משניות און גמרא נאָר וואו מען לערנט אויך וואָס דאָס איז דער עקוואַטאָר, דער אַרקטיק און אַנטאַרקטיק ר"ל, און קען אויך זיין דער חילוק צווישן אַ פעל און אַ נפעל השם ישמרנו, און אפשר חס וחלילה רחמנא ליצלן לא עלינו ולא עליכם וועט ער אפשר אויך לערנען נאָך אַ שפּראַך. און פון דעם האָבן זיי מורא אימת־מוות צי עס הייסט נישט כמעט זיך געטויפט.

• קאַפּיטל י"ב •

וואו זענען די עלטערן?

די אויבן דערמאַנטע הסברים, ווי גילטיג זיי זאָלן נישט זיין, זענען זיי אָבער בלויז הסברים. תירוצים זענען זיי נישט און די קשיא אויף די עלטערן בלייבט: וואו זענען זיי? עס איז נישט דרך־ארץ פאַר אַ שרייבער צו באַליידיגן די לייענער אָבער וואָס זאָל מען טון אַז מיר האַלטן ביי כלו כל הקיצין. די בעסטע און שענסטע פון אונזער יוגנט פאַלן אַוועק און די וואָס בלייבן איבער בלאָנדזשען ווי פאַרלוירענע שאָף. יעדער איינער פון אונז האָט אַ פליכט צו זיינע און אירע קינדער און אַנשטאָט אויסצופירן אונזער אחריות איז בנים גדלנו ורוממנו ואנחנו פשענו בהם. די מנהלים זענען אוודאי עתיד ליטול את הדין אָבער סוף־כל־סוף זענען די קינדער אונזערע און נישט זייערע און וואו זענען מיר?

איך פרעג כסדר ביי עלטערן זייער מיינונג איבער דעם אויפצי פון זייערע זין און פאַרוואָס זיי שיקן זייערע זין אין חדרים און קיינמאָל האָט מען מיר נישט געענטפערט אַז אַזוי ווילן זיי און אַזוי זענען זיי צופרידן. בדרך־כלל אָדער לייקענען זיי אַז "ס'איז נישט אַזוי געפערליך", אָדער אַז ערגעץ אַנדערש איז גאָרנישט אַזויפיל בעסער. אין גאַר אַ סך פעלער ענטפערט מען מיר אַז די פרוי וויל נישט אָדער מען קען נישט אַנטוישן די עלטערן און שווער־און־שוויגער צו פאַרשרייבן די קינדער אין נישט־היימישע שולעס.

אויף דעם אַז עס איז נישט אַזוי געפערליך זע איך די פירות. ביי שלש־סעודות, ביי כפרות, חול־המועד און ווען נאָר די קינדער ווערן נישט קאָנטראָלירט דורך מלמדים אָדער די עלטערן. טאַקע נישט אַלע און נישט ביי יעדן אָבער גענוג אויף צו שאַפן אַ בילד. איך הער אויך אייער שיחת חולין אין שול,ביים עס־טיש שבת און יום־טוב, ביי שמחות, און סתם אין איינס־צו־איינס־שמועסרייען. ווען עלטערן רעדן זיך אָפּ אַז די קינדער האַלטן זיך אין איין קריגן און שלאָגן, ווען קינדער שרייען און לויפן צעווילדעוועטערהייט אויף די גאַסן, ווען זיי קאַטשקען אויף די ווענט אין דער היים, ווען מען קען זיי נישט לייגן שלאָפן ביי נאַכט, ווען זיי באַנעצן זיך אין בעט, ווען מען קרעכצט אַז דער זון ווערט צעזעצט אין חדר פון סקוטשנעקייט און אַז נאָך אַ זון כאַפּט גאָרנישט אויף, ווען מען רעדט זיך אָפּ אַז די זין רעדן ווי אימיגראַנטן, אַז זיי קענען נישט ענגליש און רעכענען, ווען די מאַמעס דאַרפן זיי אַליין אויסלערנען צו לייענען ווייל אַז נישט וועלן זיי גאָרנישט קענען, ווען דעם רודפ'ט מען און דער חדר טוט גאָרנישט, ווען די קינדער דערציילן מסיח לפי תומם וויפל מאָל דער רבי לויפט אַרויס פון דער כיתה און ווי ער וואַרפט זאַכן און ווי ער שרייט וכדומה.

רימט אייך נישט וויפל וויטאַמינען איר האָט אָנגעשטאָפּט די קינדער אינדערפרי אַז איר ווילט נישט אויך דערציילן וואָס איר גיט זיי ביי נאַכט זיי זאָלן איינשלאָפן ווייל זיי קומען אַהיים צעווילדעוועט נאָכן זיצן לאַנגע שעה'ן אויף איין פלאַץ. אַז די מאַמעס שיקן די קינדער אין שול אויף שבת ווייל זיי דאַרפן מנוחה און אַז די טאַטעס לאָזן זיי איבער ביי דער טיר אַזוי ווי זיי קומען אָן אין שול אָדער ביי קריאַת־התורה אָדער שלש־סעודות, הלמאי זאָלן די תלמוד־תורה'ס האָבן פאַר די קינדער מער דרך־ארץ?

זייט מודה צי ווען איר גייט אַמאָל מיט די קינדער אין אַן איינקויף־צענטער אָדער איר פאָרט אונטערוועגנס אָדער ווען איר נעמט זיי אַרויס,

צי איר פֿאַרגלייכט זיי נישט מיט אַלגעמיינע קינדער אין זייערע יאָרן פון מיטל־קלאַס־פֿאַמיליעס און צי איר וואונדערט זיך נישט פֿאַרוואָס אונזערע קינדער רעדן נישט אַזוי, שפילן נישט אַזוי און באַנעמען זיך נישט אַזוי.

ענטפערט מיר אויך נישט מיט און־וואָס־איז־מיט־זיי־איזם (וואַטאַבאַוטיזם בלע"ז) אַז ביי "זיי" איז נישט בעסער (וואו "זיי" מיינט יעדער וואָס איז נישט פינף און ניינציג פראָצענט ווי אונז). ראשית־כל רעדן מיר יעצט פון אונז און אַז אַנדערע האָבן זייערע פראָבלעמען איז עס נישט קיין תירוץ אַז מיר זאָלן נישט פֿאַרריכטן. דערפֿאַר ווייל האַרווי ווײַנשטיין טשעפּעט זיך מיט פרויען איז פֿאַרדעם טאָר אייער זון נישט וויסן וואָס דאָס איז אַ קוואַדראַט־וואָרצל (square root)? דערפֿאַר ווייל איר לייענט אין צייטונג וועגן מעסערס און ביקסן אין שולעס טאָר אייער זון נישט שרייבן אַן עסיי אָדער אַ תמצית (summary) קיינמאָל אין זיין לעבן? מיר איגנאָרירן אויף להכעיס די מיליאָנען גראַדואַנטן אין אַלע סאָרטן דיסציפלינען וואָס קומען יעדעס יאָר אַרויס פון בילדונג־אינסטיטוציעס וואָס פֿאַרזיכערן אַז די וועלט זאָל קענען ווייטער אָנגיין אויפן קומענדיגן דור, און אַנשטאָט דעם נוצן מיר אויס אַ הויכשולע־רציחה אויף דרשות פון הידים ידי עשו. מיר האָבן אויך ליב צו רעדן וועגן נאַרקאָטיק ביי אַנדערע אָן זיך אומצוקוקן וואָס טוט זיך ביי אונז אַליין.

לא מעבר לים הוא לאמור מי יקחה לנו. אַ געהעריגע שולע איז נישט קיין וויסטער חלום אָדער אַ וויזיע פון דער וועלט אין צוויי הונדערט יאָר אַרום. די שולעס וואָס מיר דאַרפן צו האָבן זענען בנמצא היינטצוטאָג אין יעדער געהעריגער געמיינדע איבער דער גאָרער וועלט, אַריינגערעכנט לעבן אייך, און אַז איר זעט עס נישט איז דערפֿאַר ווייל איר ווילט זיך נישט צוקוקן.

עס איז טאַקע נישט איבעראַל פערפעקט אָבער דאָס איז כּאָטש דער ציל פון יעדער חינוך־סיסטעם. בלויז ביי אונזערע מוסדות זענען מינימאַלע סטאַנדאַרטן דער לכתחילה און בדיעבד. בלויז ביי אונז זוכן שולעס כסדר מיטלען זיך אַרויסצודרייען פון זייערע מינימאַלע פליכטן. און בלויז ביי אונז ווערן זיי געשטיצט דערצו דורך די עלטערן פון די קינדער אַליין. ווייל ווען איר פירט אייער זון אין חדר צום ערשטן מאָל מיינט איר אַז איר דעקט אים צו די אויגן מיטן טלית און איר באַמערקט נישט אַז די פינצטערע אויגן זענען גאָר ביי אייך. ביים קינד הייבט מען אויף דעם טלית ווי־נאָר ער קומט אָן אין חדר, אָבער איר זעט דאָרט אויך גאָרנישט און אייך דאַכט זיך אַז ביים רבי'ן לעקט מען בלויז האָניג.

ווען עלטערן זאָגן אַז ערגעץ אַנדערש איז נישט בעסער, מיט וואָס פאַרגלייכן זיי? מיט דעם חדר פון זייער פלומעניק וואָס איז מער־ווייניגער די זעלבע יענטע נאָר אַנדערש פאַרשטרימפּט? צי ווייסן ביי אונז רוב עלטערן בכלל און טאַטעס בפרט פון די לימודים וואָס די קינדער וואָלטן געדאַרפט צו לערנען? זאָגט זיי פיזיק און לא הוו ידעי רבנן מאי היא. זאָגט זיי כעמיע און זיי וועלן פרעגן, מאי קא משמע לן? האָבן זיי שוין געזען וואָס דאָס איז אַ פאַרהער וואָס מען דאַרף אָפּשרייבן גאַנצע בויגנס? האָבן זיי שוין געזען געצייכנט אַן עסיי אָדער שעפעריש שרייבן וואו די פראָצענטן זענען לויט דער שאַצונג פון דעם לערער איידער ענטפערס פון כשר\פסול, מותר\אסור אָדער מחלוקת? אָדער אין ערגסטן לויט דעם פאַרמעגן פון די עלטערן?

רוב עלטערן ביי אונז האָבן ניטאַמאָל מיטגעלעבט אַ געהעריגן פּי־טי־עי אָדער אפילו בייגעלעבט אַ לערער־עלטערן־קאָנפערענץ וואו מען גיט איבער אַ פולן און אָרנטליכן באַריכט איבער אַ קינד ווי איידער "פשי", "ברוך־השם", "קעניינעהאָרע" און "אַ סך נחת" און ווייטער געפאָרן. ווייל וואָס זאָל דער רבי דען זאָגן? אַז דער אינגל האַלט זיין פינגער אין דעם חומש די גאַנצע צייט? אַז ער שאָקלט זיך "מיט אַ געשמאַק" ביי כולם אהובים? אָדער צום בעסטן אַז "ער פרעגט גאָר גוטע קשיות'? אמת, דער מלמד קען זאָגן אויף עטליכע קינדער אַז זיי קענען און פאַרשטייען גוט דעם חומש און די משניות. און אַנו איז וואָס? אַז דאָס קומענדיגע יאָר און דאָס יאָר נאָך דעם וועט ער ווייטער קענען נאָך חומש און נאָך משניות און נאָך גמרא? און וויבאַלד מצווה גוררת מצווה וועט דער שכר דערפון זיין אַז מען וועט אים איינשליסן אויף נאָך שעה'ן צו קענען נאָך מער?

איך האָב פריער געשריבן איבער די עלטערן וואָס פאַר זיך לעבן זיי אַ חיים־טובים נאָר די קינדער ציען זיי אויף פאַרצייטיש לויט דעם וואָס די פאַרטיי און די חדרים שטעלן צו. לעצטנס אָבער שאַפט זיך אַ נייער מצב אין די חסיד'ישע תלמוד־תורה'ס און אויך מיידל־שולעס וואו די פאַרטיי פרואווט אויסשפייען די עלטערן און די קינדער באַלד ביים אָנהייב, דאָס הייסט ביי די דריי יאָר אַלט ביי אינגלער און פינף ביי מיידלער. ביז נישט לאַנג צוריק איז דאָס געווען גיכער אַ פּראָבלעם ביי ליטווישע און שטאָטישע שולעס וואָס זענען נישט געבונדן צו אַ חסידות, אַ פאַרטיי אָדער אַ באַוועגונג. זייער טענה, צי אַ ריכטיגע צי נישט, איז אַז זיי ווילן אַ געוויסן סטאַנדאַרט אָדער אַטמאָספער אין זייערע שולעס, אויף דעם ציל האָט מען לכתחילה געגרינדעט די שולעס, דאָס איז וואָס עלטערן דערוואַרטן פון די שולעס ווען זיי שרייבן דאָרט איין זייערע קינדער און ממילא איז דאָס אויך וואָס זיי דערוואַרטן פון פרישע עלטערן. זיי זאָגן אַז עלטערן האָבן אַ רעכט זיך צונויפצונעמען און גרינדן אַ תלמוד־תורה וואו מען דערציט זייערע קינדער לפי רוחם און זיי דאַרפן נישט באַזאָרגן כלל־ישראל מיט מוסדות. און ווען די אַפּליקאַנטן זענען עלטערן וואָס זיי אַליין זענען אויפגעצויגן געוואָרן אין אַ חסידות און ווילן מיטאַמאָל פאַר זייערע קינדער עפּעס "בעסערס" אָדער לויזערס קומען שוין די מנהלים מיט אַ שטאַרקערער טענה. "מיר זענען נישט מחוייב אַריינצונעמען יענעמ'ס "שמוץ". זאָלן זיי גיין אַהין וואו זיי זענען אויפגעוואַקסן און אַז דאָרט איז זיי נישט גוט האָט עס נישט מיט אונז".

לעצטנס אָבער משנתרבו הסמאַרטפאָנס און אַלערליי מאָדערנקייטן קריכן אַריין ביי אונזער עולם און אויך מיט דעם אויפרייסנדיגן געוואוקס אין דער צאָל קינדער איז געוואָרן ביי די חסידות'ן אַליין אַ פּראָבלעם. לאָמיר אָנרופן אונזערע עלטערן חיים און גיטי. ביידע קומען זיי פון היימישע שטיבער, צו זייער שידוך האָט דער רבי געגעבן זיין הסכמה, די חתונה איז פאָרגעקומען אין דער עטרת חינקא־זאַל כדת־משה־וישראל, דער רבי צי זיין בא כוחו האָט מסדר־קידושין געווען, ביז אַ יאָר־צוויי איז געווען אַ שלום־זכר, אַ ברית און אַ שלישי למילה, און דריי יאָר שפּעטער האָט מען דעם קליינעם אָפּגעשוירן די האָר און אים געמאַכט פּיאות אַז עס איז אַ ברכה צו מאַכן. בקיצור, אַלעס ווי ביי אונז איז דער מנהג.

נאָר וואָס דען? אויף חיים און גיטי הייבט מען אָן זאָגן אַז עס טויג ביי זיי נישט. נישט אַז זיי קומען זיך נישט דורך נאָר אָפּט פאַרקערט, אַז זיי קומען

זיך עפּעס צו גוט דורך. ער האָט ליב אירע נאַטירליכע האָר און איר געפעלט עס אויך. נישט חלילה ברבים ווייל אויף דער גאַס גייט זי ווי אַן אשה כשרה נאָר אַז מען קוקט מער בעיון איז דאָרט אויך דאָס שייטל צו לאַנג. און ווען מען קוקט אויף אַראָפּ זעט זיך אויס ווי זיי זענען מהפך שולחנם אַז ביי דער קלייד וואָס דאַרף זיין לאַנג איז גאָר קורץ. חיים׳ס באָרד וואַקסט אויך עפּעס נישט כאָטש ער רוקט זיך אַריין אין די מיטעלע צוואָנציגער, ביי טאָג זעט מען אים אין אַ "טי־שירט" מיט די פּיאות הינטער די אויערן, ביי נאַכט פאַרברענגט ער אין באַרן מיט זיין רביצין, און מען איז נאָך מרנן בין גברא לגברא אַז זי לערנט זיך פירן אַ קאַר. ועל־כולם האָבן זייביידע סמאַרטפאָנס. וואַטסאַפּ־שטותים איז שוין נישט פאַר זייער סאָפיסטיצירטן טעם און זיי פאַרברענגען אויף פעיסבוק און אינסטאַגראַם און סנאַפּטשאַט און ווער וויסט וואו. שבת באַוויזט ער זיך טאַקע אין שול נאָר ווען אים לוינט זיך, זיינע פריינט זענען נאָך אַלץ היימישע נאָר פון זיין סאָרט און אין מקווה גייט ער קוים אַז מען זאָל נישט זען זיינע געפאַרבטע באָקסערס. פונדעסטוועגן זענען זיי אָבער היימיש: גיטי קען צושטעלן אַ קוגל און טשאָלנט בעסער ווי כל צדיקי עולם און חיים׳ס שטריימל האָט אַ קרוין וואָס אפילו אַ כתר שם־טוב שטייגט עס נישט איבער.

חיים און גיטי זענען בלויז אויסגעטראַכטע נעמען און דאָס אויבן דערמאַנטע אַן עקסטרעמער ביישפּיל פון די וואָס זענען היינטצוטאָג אינם ראויים לבא בקהל. עס מעג זיין סאַטמאַר, באָבוב, סקווער, וויזשניץ, בעלז צי ווי נאָר. הצד־השווה שבהן אַז זיי ווילן איינשרייבן זייער צדיק׳ל, זייער "קיוט", שמעקי, אויפצועסן, זיס שעפעלע אין דעם חדר וואו זיי און זייערע פאַמיליעס זענען געגאַנגען און גייען נאָך אַלץ און מיטאַמאָל זאָגט מען זיי, "סטעפּ בעק!" עד־כאן. "לא נתקבל".

ביי אַזאַ מצב, ווי איידער זיך אומקוקן רעאַליסטיש אויף די גרויסע גליקן וואָס זענען דאָ צו באַקומען ביי אונז איז תפסו אומנות אבותיהם און מען מאַכט אַ ויצעקו ווי בלויז מיר קענען. מען גייט וויינען היתכן מען נעמט נישט אָן די קינדער און מען בעט זיך ביי די פּיס פון די עסקנים און עוסקים בצרכי־ציבור. פאַר אַ לייכטערן פאַל גיט מען אונטערצושרייבן אַ צעטל מיט מער סעיפים ווי סימן ש״ח און די עלטערן חתמ׳ענען וואָס נאָר מען לייגט זיי אונטער דער נאָז כאילו עס איז אַ קאָנטראַקט אויף דינגען אַן אויטאָ. זיי מאַכן אַלע סאָרטן הבטחות וואָס זיי גלייבן נישט דערין און וואָס זיי האָבן אינזינען

איינצוהאַלטן בלויז אויף אַזויפיל וואָס זיי קענען זיך נישט אַרויסדרייען. און אַלעס אַבי דאָס צדיק'ל זאָל איינזאַפּן מעשיות פון רבי ר' בער ביז רבי ר' מלך, שעפּטשען תהילים, זיך פאַרהערן משניות, חזר'ן גמרא און אים גרייטן אויפן למעשה'דיגן לעבן אַ פּייג. אפילו דאָס לעבן פון אַ בן־תורה, כל־שכן פון אַ בעל־הבית. און די זענען נאָך די גליקליכע.

די אומגליקליכע וויל מען נישט אָננעמען מיט צי אָן תנאים. כל המשנה ידו על התחתונה, זאָגט מען זיי, און אַז מיר זענען ענק נישט גוט אויף די שטרימפּ, און קליידונג, און פילטערס און די טאָג־טעגליכע פרישע גזירות, איז זוכט אייך עפּעס בעסערס ערגעץ אַנדערש. און קומט נישט טענה'ן אַז דער און יענער זענען נישט בעסער, ווייל יענער שטעלט זיך יאָ צו. איר שייטל איז

קירצער און זי פירט נישט אַ קאַר און זיין באָרד וואַקסט ברוך־השם בשפע, און אינו דומה די וואָס פאַלן אַמאָל אַדורך צי די וואָס גייען בשיטה קעגן אונזער דרך. עלטערן און זיידעס און באָבעס ברענגען זכות־אבות, רייכע פּעטערס סטראַשען אַז זיי וועלן מער נישט שנאָדערן, חברים קומען זיך בעטן אָבער די מנהלים האַלטן זיך ביי זייערס. און צום רבי'ן לאָזט מען שוין אויך נישט אַריין.

די מעשה מיט פּילצאָליגע וואַריאַנטן מאַכט זיך היינט לרוב און אַ וואַקסנדיגער עולם שטייט אָן מוסדות אָדער זיי ווערן געצוואונגען צו גיין אין חדרים וואָס זיי ווילן נישט לכתחילה און קוים אויף בדיעבד. מען באַרעדט דעם מצב ביי שבת־טישן און אין בית־המדרש, מען קרעכצט צו דעם און צו יענעם, פון צייט צו צייט לאָזט זיך איינער הערן ברבים אָבער קיין לייזונג איז דערווייל נישטאָ.

צו אָט די חסיד'ישע־"לייט" עלטערן איז ערשט מיין פראַגע: פאַרוואָס שרייבט איר דאָרט איין אייער קליינעם לכתחילה? ממילא אַז די כלי־קודש און מדקדקים על קלה כבחמורה ווילן דאָס פאַר זייערע קינדער איז ווייל זיי אַליין זענען תינוקות שנשבו. זיי מיינען אַז כי לא תשכח מפי זרעו מיינט אַז זייער פאַנטאַזירטע "היים" מוז אָנגיין לעולם־ועד אפילו אין ווייטע לענדער און אינגאַנצן אַנדערע אומשטענדן. צי די מוסדות זענען גערעכט צי נישט אין וויאַזוי זיי באַהאַנדלען אייך איז דאָ כמעט נישט נוגע ווייל די שאלה איז צו אייך. וואָס ווילט איר נעבעך פון אייער אינגל? פאַרוואָס דאָס וואָס איז פאַר אייך מותר מוז פאַר אים זיין פאַרבאָטן? פאַר אייך קוקט איר דאָך אויף פאָראויס, איז הלמאי שאָקלט איר אויף הימל און ערד דאָס צו פאַרלייקענען פאַר אייער זון? איר ווייסט דאָך אַליין ווי איר מוטשעט זיך מיט אייער קנאַפּן ענגליש, אייער קוימישער וויסנשאַפט, אייער איגנאָראַנץ אין אַלעס, פון די הלכות פון עטיקעט ביז די פשוט'סטע פאַקטן פון היסטאָריע, איז פאַרוואָס פאַרגינט איר נישט אַז כאָטש פאַר אייערע קינדער זאָל לייכטער זיין אויף דער וועלט? סאַראַ תענוג איז עס אויפצוציען קינדער וואָס איר מוזט פאַר זיי כסדר בלאָפן ווייל אפשר וועט מען געוואויער ווערן אין חדר און אין שולע? אין אדם מנחיל שקר לבנו, איז פאַרוואָס ווייַנט איר אייך אויס ביי אַ סיסטעם אין וואָס איר גלייבט בכלל נישט דערין?

אָבער נישט בלויז צו די חיימ'ס און גיטי'ס ווענד איך מיך. דורכשניטליכע בעל־הבתים וועמענ'ס קינדער ווערן איבעראַל אָנגענומען זאָלן נישט מיינען אַז זיי קענען זיך פאַטשן אין בייכל אַז שלום עלי נפשי. ברוך־השם אונזערע קינדער זענען פיינע תכשיטים און גייען אַלע אויפן דרך־הישר, די מוסדות כאַפּן זיך אויף זיי און זיי באַקומען "טאָפּ" אויסצייכענונגען ביי די בחינות. ישיבות איז ביי אונז נישט קיין פּראָבלעם און נישט אונז מיינט דער פסוק.

זייט מיר מוחל אָבער איך רעד צו אייך אויך. איר מבינים אויף מוזיק־ווידעאָס און נאַשערס פון יו־טוב־קליפּס. אפילו אַז איר זענט נישט אַזוי מאָדערניזירט שטייט איר אָבער אַלץ מיט צוויי פיס אויף דער ערד, איז פאַרוואָס פאַרשטייט איר נישט אַז מען קען נישט אויפציען דורות נאָכאַנאַנד אין איגנאָראַנץ. אליכם שְׁאֵלָתִי: פון אייך וויל איך אויך הערן, וואָס איז אייער חשבון? אויך איר ווייסט דעם פּרייז פון נישט קענען געהעריג רעדן, לייענען און שרייבן, איר שפּירט אייערע אייגענע באַגרעניצונגען ווען איר דאַרפט אָפּשרייבן דאָס פשוט'סטע בריוול, איר זעט אייערע ליידיגע הענט ווען

איר רוקט זיך אָן אויפן דזשאַבמאַרק, איז זאָגט איר מיר, וואָס קלערט איר? אפילו אַז איר פירט מוצלח'דיג געשעפטן, און ערשט דעמאָלט, זעט איר דאָך איין ווי ווייניג איר קענט און פאַרשטייט אויסער מאַכן און אויסגעבן געלט. איז פרעג איך אייך ווידער, וואָס קלערט איר ווען איר שיקט אייערע קינדער אין חדר אַריין?

וויפל מאָל גיי איך אויף אַ בר־מצווה ביי אַזוינע "מכובד'דיגע" בעל־הבית'ישע פאַמיליעס און איך קוק זיך צו אויף דער אומבאַהאָפטנקייט, דעם "דיסקאָנעקט", וויאַזוי זיי לעבן פאַר זיך און וויאַזוי זיי ציען אויף זייערע זין. די טישטעכער און די סערוויעטן פאָרן זיך תכלת, ארגמן און תולעת שני מיט די קאָלירן פון די בלומען און די פאַרבן אויף די אויפגעלויכטענע ווענט און סופיט. אַ "קיבאָרד" איז שוין נישט גענוג און מען ברענגט אַ פידלער, אַ קלאַרנעטיסט און אפילו אַ גאַנצן אָרקעסטער אָדער אַ קאַפעליע. אויף אָפּצושווענקען די פאַרשידענע סאָרטן פליישן פליסן ווייַנען און וויסקיס ווי אין שושן ביי אחשורוש'ן אויף דער סעודה. נאָר דער בר־מצווה־בחור אַליין איז קוים דאָ ווי אַ גאַסט.

דער טאַטע ברענגט צו שלעפן רבנים און שיינע אידן און יעדער לאָזט זיך הערן נאָר דער בחור אַליין זעט אויס שטום. קוים שטעלט ער זיך אויף און שלינגט אַ פאָר זאַצן און באַלד זינגט מען אים אַריין שלא לבייש את מי שאין לו. אַזוי טפל'דיג איז דאָס פרישע בחור'ל צום גאַנצן געשעפט אַז אפילו זיינע חברים טאָר ער נישט פאַרבעטן אויף דער סעודה ווייל דער חדר האָט מתקן געווען אַזאַ תקנה משום מעשה שהיה אַז זיי האָבן איבערגעדרייט דעם זאַל. לויט וויפל דער בחור שפילט דאָ אַ ראָלע וואָלט עס געמעגט זיין זיין פדיון־הבן כאָטש ער איז שוין היינט דרייצן יאָר אַלט, נישט דרייסיג טעג. נאָר אַזוי פיל מוז איך מודה זיין אַז אַ קאַפעליטש האָט ער אַ הערליכן און אויף די פיאות איז ממש אַ ברכה צו מאַכן.

שוין גאַנצע צען יאָר זייט די דריי יאָר אַלט וואָס ער לערנט כמעט נאָר לימודי קודש איז וואו איז תלמודו בידו? ווען ער איז נישט אַ חסיד וואָלט ער זיך כאָטש געהאַט געגרייט צו לייענען די סדרה און די הפטרה אָבער ביי אונז איז דאָך דאָס נישט דער מנהג. איז וואָס יאָ? מען טאָר אים חלילה נישט רופן אַ אינגל ווייל ער איז שוין אַ בחור. אָבער מיט וואָס?

אַז איר זעט דאָס אַלעס נישט קלערט איר מן־הסתם אויך נישט איבער דעם שאָדן פון די באַציאונגען פון אונזערע "לאָוולי" עלטערן צו זייערע

קינדער. סאַראַ באַציאונגען איז שייך אַז די עלטערן און די קינדער באַזעצן אינגאַנצן אַנדערע וועלטן? עס קען זיין אַז די קינדער פאַרשטייען נאָך נישט אַלעס וואָס דאָ גייט פאָר אָבער גאַנצע נאַראָנים זענען זיי אויך נישט. זיי זעען דעם מאַטעריאַליסטישן הלוך־ילך אינדערהיים קעגן דער כלומר'שטער כי הם חיינו אין חדר און ווי די צוויי קלאַפּן נישט. פון יונגווייז לערנען זיי זיך אויס אַז אַלעס איז בלויז לפָנים און דאָס וואָס אַנדערע ווייסן נישט איז אינגאַנצן מותר.

די אומבאַהאָפטנקייט איז נישט נאָר מאַטעריאַליסטישקייט קעגן פאַרצייטישקייט. אַנדערע עלטערן וועלן זיך ערלויבן לייענען חקירה־ספרים, צו שטודירן, צי פאָרמעל צי זעלבסט, אָדער סתם זיך צו פאַרברייטערן זייערע ידיעות און זיך מיטצוכאַפּן מיט דעם וואָס פעלט זיי. פונדעסטוועגן האַלטן זיי צוריק פון די קינדער דאָס וואָס זיי ווייסן אַז מען האָט פון זיי פאַרמיטן. עס איז דאָ אַזוינע וואָס ליידן דעריבער אַז זיי מוזן באַגעגענען אין זייערע אייגענע קינדער דעם איגנאָראַנץ פון וואָס זיי זענען אַנטלאָפן און זיי מוזן לעבן מיט דעם וויסן אַז זיי האָבן עס אַליין דאָרט איינגעפלאַנצט. נאָר אַזוי אָנגעזאַפּט זענען זיי מיט די פחדים וואָס איך האָב פריער דערמאַנט אַז זיי שפּירן אַז זיי קענען גאָרנישט דעריבער טון. כלפי־חוץ הייסן זיי דאָך אַ באַזעצטע פאַמיליע, ער אַן אבן יקר, אַן אברך כמשמעו, און זי אַן אשה כשירה, און דאָס וואָס ער פאַשעט אויף פרעמדע פעלדער איז דאָך ממש בחדרי־חדרים אַז קיין נפש חיה זאָל דערפון נישט וויסן.

וואָס איז אָבער אייער תירוץ צו אייערע קינדער? באַשולדיגן די תלמוד־תורה'ס וועט אייך נישט העלפן ווייל די מוסדות זענען בלויז אייערע שליחי־ציבור. איז וואָס ענטפערט איר פאַר אייך אַליין? איר מוזט דאָך זען און פאַרשטיין וואָס דאָ גייט פאָר סיידן אַז איר דרייט זיך אַוועק ווייל איר קענט נישט סובל זיין צו קוקן. אייערע פחדים זענען אָבער נישט קיין תירוץ און ומבשרך אל תתעלם. פאַרוואָס מעגט איר זיך אומקוקן, לייענען, דענקען און קריטיקירן פאַר זיך אָבער פאַר אייערע קינדער מוז זיין באַשערט אַ חדר אונטער מלמדים וואָס פאַרשטייען קוים אייער שיחת־חולין? און סאַראַ סאָרט באַציאונגען קענט איר דען האָבן מיט אייערע קינדער אַז איר קענט זיך מיט זיי נישט טיילן דאָס וואָס איר האַלט טייער און אַז איר האָט מורא איבערצוגעבן די קינדער אייערע ווערטן און

טיפע גלויבונגען. אַז איר זעט ווי רייצנדיג די פירות פון דעם וואַלד זענען און פאַר זיך האָט איר געגנאַשט און אָנגעפילט די קעשענעס פאַרוואָס האַלט איר עס צוריק פון אייערע קינדער?

אויב די פראַגעס וואָס מיר שטעלן אַוועק זענען שווער ווען די רעדע איז אויפצוציען די קינדער פאַר אינפאָרמירטע און מענטשליכע מענטשן, איז דאָך די קשיא פיל שטערקער ווען עס קומט צו לערנען מיט די קינדער אַ פאַך אָדער זיי געבן דאָס געצייג זיי זאָלן קענען לערנען ווען זיי ווערן עלטער. קוקט אַריין ביי זיך אַליין און פרעגט צי איר זענט נישט אַ סומך על הנס. צי איר ווייסט נישט אַז אויסער אַ זיסע קשיא און אַ ביסל חדר־חוצפה האָבן אייערע זין נישט צופיל מער צו פאַרקויפן.

די שאלה וואָס מיר פרעגן איז אַ פשוט'ע וואָס יעדער טאַטע און מאַמע איז מחויב זיך צו פרעגן: וויאַזוי שטעלן מיר אַוועק אונזערע קינדער אויף דעם לעבן? אַז צו זיין וויסנטליכע בירגער אין דער גרעסערער ווירטשאַפט און זיין ציווילע מענטשן צווישן מענטשן איז אייך צופיל, איז ענטפערט וויאַזוי וועלן זיי זיין פראָדוקטיוו פאַר זיך אַליין צו שטעלן ברויט און פוטער אויפן טיש פאַר זייערע פאַמיליעס ווען זיי וואַקסן אויף? אויף דעם זאָגט די גמרא אין קידושין, האב חייב בבנו... וללמדו אומנות, ווי אויך, כל שאינו מלמדו אומנות מלמדו ליסטות. אַז דער בל־תשחית פון אייערע קינדער'ס טאַלאַנטן און פעאיגקייטן וואָס גייען לאיבוד בידים שטערט אייך נישט,

איז ענטפערט בלויז אויף דער איינער שאלה: מהיכן ירק זה חי? אייערע זין וועלן אי"ה אויפוואַקסן און אויפשטעלן זייערע אייגענע פאַמיליעס און וויאַזוי וועלן זיי זיך אויסהאַלטן?

*

כאָטש איך גיב מיך דאָ בעיקר אָפּ מיט עלעמענטאַר־שולעס איז פונדעסטוועגן דאָ דער פלאַץ אויסצושליסן וואָס הערט זיך אָפּט ווי אַ נייער דרך פון אַ פּיאָניר און בעיקר מיט בחורים. בערך גייט עס אַזוי. ביי דרייצן, פערצן אָדער פופצן יאָר ווערט אַ בחור אַ "פּראָבלעם", כלומר ער איז צו שעפעריש, אָדער צו טיכטיג, אָדער צו זעלבסטשטענדיג, אָדער צו אינטעליגענט, והצד השווה בהם אַז ער טוט נישט קאָנפאָרמירן צו דער סיסטעם. דאָס הייסט, דער בחור איז נישט קיין פעאיגער אַדוואָקאַט זיך צו דינגען טאָג און נאַכט איבער קנין חליפין אָדער נשרפו חיטיך בעליה, אָבער אויך קען ער נישט האַלטן זיין האַלז כשור לעול וכחמור למשא ווי עס ווערט דערוואַרט פון די נישט־לומדים. און אַז ער איז "טראָבל" ווערט די ישיבה פון אים פטור. איר קענט הערן דרשות אָנליין און אויף וואָטסאַפּ פון עפּעס אַ כמו־ראַדיקאַלן רבי'לע אָדער אַ רעדנער אָדער אַ זינגער וואָס באַוויינט די עוולה דערפון, און דעם שפיכת־דמים, און דאָס אחריות, און דעם תשעה־באב ביי די עלטערן. בקיצור, די געוואַלדעס ווי בלויז מיר קענען. און זיי זענען אַלע כשר גערעכט. איר קענט עס אַליין זען אין פרישטאָג־באַרס ווען יונגע אומבאַבערדלטע בחורים'לעך שפּאַצירן זיך אַריין אַ זייגער צען, באַשטעלן זיך אַ "סאָני סייד אָפּ" און פאַרברענגען כאילו זיי זענען למעלה־מן־הזמן.

דערנאָך קומט זיך אָן אַ פּיאָניר און מאַכט אויף אַ ישיבה פאַר "אַזוינע סאָרט" בחורים כאילו עס איז בלויז אַ געוויסער סאָרט בחור וואָס גייט נישט אויס פון סקוטשנעקייט פון אַ קוריקולום פון פאַרטאָגס ביז שפּעט ביי נאַכט וואָס באַשטייט פון גמרא אויף שיעור עיון, גמרא אויף שיעור פשוט, צען מינוט מוסר, אַ האַלבע שעה חומש רש"י און נאָך אַ האַלבע שעה משנה ברורה. איך וואָלט געקלערט אַז בלויז אַ געוויסער סאָרט קען יאָ איבערלעבן

דעם סאָרט רעזשים פון ישיבות אָן צו שטאַרבן פון שוואוילטאָג.

אין דער נייער ישיבה, לויט די גדלות'ן וואָס מען גיט אייך צו הערן ביי אַפילן פאַר "הצלות נפשות", און היינט הערט מען פון זיי אויך אויף יו־טוב, נעמט מען כמעט יעדן אַריין. זיי האָבן אַ לייכטע לערן־פּראָגראַם, זיי זענען טאָלעראַנט מיט נישט־קאָנפאָרמיסטישע בחורים, זיי שווימען, זיי פאָרן מיט ביציקלען, זיי שפילן באַל, זיי שפילן גיטאַר אָדער "קיבאָרד" און מאַכן קומזיצן בוקר צהריים וערב. און די זעלבע וואָס שרייען אויף דער רציחה פון די געוועינליכע ישיבות זינגען די לויבן פון דעם נייעם סטיל ישיבה (כאָטש נישט שטענדיג דערציילט מען ווי מען עקספּלואַטירט די פאַרוואונדעטע עלטערן צו מאָנען ביי זיי אַ סך אַ העכערן שכר־לימוד).

וכאן הבן שואל: איז אַ צענערלינג געמאַכט פאַר "פאָן" און שפיל און ספּאָרט און שיינע התעוררות־ניגונים'לעך אויף פרישטאָג, מיטאָג און נאַכטמאָל? איך שליס נישט אויס די אָ אַקטיוויטעטן און עס איז פיין און וואויל ווען עס איז אַ טפל. אָבער וואו זענען די ישיבות וואָס פּראָקלאַמירן הויך צו עלטערן און צו די תלמידים: איר זענט נישט געמאַכט פאַר תורה כל היום? נישט ווייל איר זענט פעלעריג נאָר ווייל רוב פון דער מענטשהייט וואָלט עס נישט אויסגעהאַלטן. און ווייל אַזאַ זאַך ווערט נישט געברענגט נישט אין דער תורה, נישט אין משניות און נישט אין גמרא און האָט קיינמאָל נישט עקזיסטירט במשך אונזער לאַנגער היסטאָריע. און נישט נאָר אַז מיר וועלן נישט מוותר זיין אויף דער אידישקייט פון די בחורים, נאָר מיר קענען און וועלן צושטעלן שטאַרקערע, קליגערע און מער געלונגענע אידן. מען וועט מיט זיי לערנען תנ"ך, גמרא, הלכה, תולדות עם ישראל און לשון־הקודש לויט זייער עלטער און פאַרשטאַנד און אויף אַן אופן וואָס זיי קענען פאַרשטיין און מיטהאַלטן. נאָר אויך וועט מען מיט זיי לערנען שרייבן, לייענען, פאַרשטיין און תופס זיין, רעכענען, היסטאָריע, געאָגראַפיע און זיי צושטעלן אַ פולע אַקאַדעמישע פּראָגראַם. אַז זיי ווילן זיך פאַר'דבקות'ן אויף ליל שישי אין לית אתר פנוי מיניה איז אדרבה ואדרבה, אָבער זאָלן זיי כאָטש פאַרשטיין דעם "אתר" און וויסן די גרייס פון דער וועלט ווי אויך די כוכבי־לכת.

אין וועלכע חדרים האָבן די עלטערן געשיקט זייער זון אַז ביי די דרייצן איז ער אָדער כולו לה' אָדער לעזאזל? און אַז די סטאַנדאַרטע ישיבה־קטנה'ס שליסן אים אויס, וואָס טוען זיי דעריבער? וואָס איז זיי וויכטיגער,

אַז דער בחור זאָל ווייטער גיין אין זיין הוט און רעקל און זיך דרייען אויף די גאַסן, אָדער אים שיקן אין אַ קאַלעדזש כדי ער זאָל זיך וואָס שנעלער מיטכאַפּן מיט דעם וואָס עס פעלט אים? אָדער, ווי עס איז אָפּט בזמנינו, נישט דאָס און נישט דאָס, און ער וואַקסט אויס נישט צו גאָט און נישט צו לייט ווייל די ישיבה־וועלט שפּייט אים אויס און ער האָט נישט קיין שום נוצן פאַר דער ברייטערער וועלט. מען באַשולדיגט די ראשי־ישיבות, משגיחים, מגידי־שיעורים און מנהלים, אָבער ווער איז לבסוף אויפן קינד און אויפן בחור דער הויפט אחראי? דער עסטאַבלישמענט וואָס האָט צענדליגער טויזנטער קינדער אָדער די עלטערן וואָס האָבן אים געבוירן?

רבותי, ביי ישיבה־קטנה איז צו שפּעט און אין ישיבה־גדולה נאָך שפּעטער. איזהו חכם הרואה את הנולד און פרעגט אייך וואָס זענט איר פאַר זיך און וואָס ווילט איר פון אייערע קינדער? דאָס אַליין אַז מען איז מסכים צו שיקן די בחורים אין געוויסער סאָרט מוסדות וואָס מען וואָלט נישט גע'חלומ'ט זיי צו שיקן אין אַזוינע סאָרט תלמוד־תורה'ס, הא גופא איז די ראיה פון אונזער הינטערשטעליגן און אָפּגעפרעגטן טראַכטן. דער צוגאַנג פון עלטערן איז אַז לכתחילה אין טוב אלא תורה וואָס מיינט די באַגרעניצטע תורה וואָס זייער באַוועגונג לייגט פאָר. נאָר בדיעבד, נאָך דעם וואָס קיינער וויל דאָס בחור'ל נישט אָנקוקן, וועט מען אַ טובה טון און זיך אומקוקן אויף עפּעס פרישס (אין פאַל אַז מען שיקט אים נישט מעבר־לים און מען וואַשט זיך פון אים אינגאַנצן אָפּ די הענט).

ווייל טאָמער איז אייער חשבון אַז מען קען אויסוואַרטן ביז ער איז אין ישיבה־קטנה און דעמאָלט זיך אַן עצה געבן איז נישט נאָר ער אַ "לאָסט קעיס" נאָר, אַנטשולדיגט מיר, איר אויך. דער "באָק" מאַכט דעם סוף־פּסוק ביי אייך, ואם אין אתם להם מי להם?

• קאַפּיטל י"ג •

מאין יבא עזרי?

עס פרעגט זיך, ניין, עס שרייט: מאין יבא עזרי? עס איז לייכט צו שטעלן די פראַגעס די עלטערן אָבער וואָס און וואו זענען די אַלטערנאַטיוון? אַוועקגעקוקט פון יחיד'ישע פּראָבלעמען, וויאַזוי לייזט מען די ציבור'ישע פּראָבלעם פון דעם רוב מוחלט פון משפחות וואָס מען נעמט אָן לכתחילה אין חדרים און ישיבות אָבער פאַקטיש ווילן די עלטערן אָדער וואָלטן געדאַרפט וועלן פיל מער פאַר זייערע קינדער?

די חסיד'ישע תלמוד־תורה'ס ליגן אין די הענט פון די גרעסערע חסידות'ן און דאָרט וועט קיין טויש נישט ווערן. פונקט ווי א שעפסל וועט פון זיין גוטן ווילן זיך נישט לאָזן מקריב זיין אויף אַ קרבן־פסח - נישט אויף

ערב־פסח און נישט אויף פסח־שני - אַזוי וועלן זיי אויך נישט פון זייער גוטן ווילן מיטאַמאָל לערנען געהעריגע לימודי־קודש מיט אַ טרעניִרטן און באַהאַוונטן שטאַב און אַ פולער לערן־פּראָגראַם פון לימודי־חול. זיי וועלן אויך קיינמאָל נישט באַהאַנדלען עלטערן ווי פולקאָמע שותפים אין זייערע קינדער'ס חינוך און אויפציִען קינדער צו אַ שלימות'דיגן לעבן צו גאָט און צו לייט ווי איידער בלויז אַלס נאָכהענגער פון דער באַוועגונג.

ווייטער די פּאָר קלענערע תלמוד־תורה'ס וואָס ליגן אין פּריוואַטע הענט אָדער פון קלענערע באַוועגונגען, זיי וועלן אויך נישט ברענגען די ישועה. זיי האָט מען נישט אויפגעשטעלט צוליב דעם ווייל זיי זענען אינגאַנצן אַנדערש געשטימט אידעאָלאָגיש אָדער צוליב אַן אַנדערן דרך־הלימוד נאָר ווייל אַמאָל ווילן עלטערן קלענערע כתות, אַמאָל איז דאָ אומצופרידנקייט איבער אַ מלמד אָדער אַן אומצופרידן קינד און ענליכע סיבות, אָבער די פונדאַמענטאַלע יסודות בלייבן כמעט די זעלבע. טאַקע אַמאָל זענען די אַנדערע תלמוד־תורה'ס פרומער און אַמאָל פאַרקערט, אַז זיי זענען עטוואָס ווייניגער פאַרכניאָקעט און זיי לאָזן שפּילן מיט א באַל, אָדער לאָזן קומען אין קורצע אַרבל ביז צען יאָר אַנשטאָט ביז פיר יאָר אַלט און אַנדערע טפל'דיגע זאַכן וואָס די חסידים מאַכן דערפון כאילו עיקרי תורה תלויים בהם. און אַמאָל לערנען זיי אויך מיט אַ האַלבער שעה מער ענגליש. די לימודי־קודש זענען אָבער כמעט איבעראַל די זעלבע און די פּיצל חילוקים פון ענגליש איז נישט גענוג צו מאַכן אַן ערד־ציטערנדיגע ענדערונג.

פּאַקטיש זענען פּשוט נישטאָ קיין ריכטיגע אַלטערנאַטיוון, כלומר געהעריגע תלמוד־תורה'ס פאַר אינגלעך אין חסיד'ישע געגנטער מיט אַ פולער אַקאַדעמישער פּראָגראַם אָבער אויך מיט אַן עטאָס און קולטור וואָס זאָל אַהינציִען חסידים. די אומבאַהאַוונטע מלמדים, לאַנגע קלאַסן, אָרעמע לערן־פּראָגראַמען און ווייניג לימודי־חול זענען כמעט אומעטום, ממילא וואָס זענען די פאַרדינסטן פאַרן קינד? די איינציגסטע ברירה איז ביי מאָדערנע שולעס אָדער ישיבה'שע וואָס זענען שוואַך בנמצא וואו מיר וואוינען, מען נעמט דאָרט שווער אָן פון אונזערע און מיר ווילן אויך ווייניג אַהינגיין.

און עס פרעגט זיך ווידער, וואָס קענען עלטערן דעריבער טון און וויאַזוי קריכט מען דאָ אַרויס? אונזער חינוך ציט אויף דורות־דורות נאָכאַנאַנד אָן

תורה און אַן דרך־ארץ און וויאַזוי שניידט מען דעם גאַרדישן קשר־של־קיימא אונז צו באַפרייען פון דעם פלאָנטערעכץ אין וועלכן מיר ווערן אַלץ מער פאַרקניפּט?

וויבאַלד די אויסזיכטן אַז מיר זאָלן זיך אַליין ראַטעווען זעען אויס אַזוי שמאָל זענען דאָ אַזעלכע וואָס קלערן אַז די ישועה וועט מוזן קומען פון דער רעגירונג. דאָס הייסט מען וועט "מסר'ן" די מוסדות, פירן אַן אַקציע ביי דער מאַכט און אין דער פרעסע און אפילו נעמען דעם שטאַט אָדער די מוסדות אין געריכט און אַזוי וועט מען מאַכן אַן אָרדענונג.

מער־וויניגער אַזוי זענען די טעטיגקייטן פון די אָרגאַניזאַציע "יאַפעד" וואָס קעמפט אויף צו פאַרבעסערן דעם מצב פון חינוך־הבנים אין חסיד'ישע חדרים. עס זענען דאָ ביי אונז חילוקי־דיעות איבער זייער צוגאַנג און דאָ איז נישט דער פלאַץ דאָס דורכצוטון. דער פאַקט איז אָבער אַז זייט יאַפעד האָט אָנגעהויבן מיט אירע קאַמפּאַניעס האָבן זיך זאַכן למעשה געביטן אויף בעסער און מען זעט אַ שינוי ניכר. חדרים האָבן זיך געמוזט צושטעלן און מען לערנט פאַקטיש מיט די קינדער מער לימודי־חול.

אַ דאַנק יאַפעד איז אויך דער גאַנצער ענין פון לימודי־חול ביי אינגלעך בכלל געוואָרן אַ הייסע נושא. מען באַריכטעט איבער דעם אין דער פרעסע, פּאָליטיקאַנטן און רעגירונג־באַאַמטע מוזן זיך פאַרמעסטן מיט די תרעומות און מיט דעם סטראַשען פון געריכט, ועל־כולם זענען עלטערן געוואָרן אויפמערקזאַם צו דעם וואָס זיי האָבן ביז היינט נישט געזען אָדער נישט געוואָלט זען. אפילו אַז עס זענען אויך דאָ ביי אונז מער פאַרטיידיגער פון דער סיסטעם איז עס אַלץ געזונט אַז מיר טראַכטן זיך דערין אַריין און מען צווינגט אונז כאָטש זיך צו פאַרענטפערן און באַהאַנדלען דעם גאַנצן ענין ווי איידער מאַכן דעם אָנשטעל אַז עס איז גאָרנישט אַ פּראָבלעם. און אפילו אַז מצד די מוסדות זענען די באַהאַנדלונגען גיכער אַ פאַרמעסט אויף זיך בעסער אַרויסצודרייען ווי איידער צו פאַרבעסערן, אעפ"כ איז כדאי אויך זיי צו דערמאַנען אַז די וועלט איז נישט אינגאַנצן הפקר.

אין דעם קאָנטעקסט דאַרף מען דערמאַנען דעם וואַזשנעם ערב־פסח'דיגן "נס" אָדער, בעסער געזאָגט, די שאַנדע און חורבן ווען אונזערע אַזוי גערופענע פירער איז געלונגען צו שאַנטאַזשירן גאַנץ ניו־יאָרק כדי צו פאַרזיכערן אַז אונזערע קינדער זאָלן בלייבן עם־הארצים גמורים לעולמי־עד. פון זמן־חרותנו האָבן זיי געמאַכט אַ זמן־עבדות צו פאַראייביגן אונזער

פאַרשקלאַפטקייט און פאַרלענגערן אונזער גלות־הדעת ווייל פאַר זיי איז ענדערש אַן אפילה ווי איידער אַן אור גדול.

דאָס איז געוויס צום באַדויערן אַז עס נעמט אונז מיט פיל טרעפּ אויף צוריק אָבער אויך האָט עס געצוואונגען די רבי'ס און עסקנים מגלה צו זיין קלונם ברבים. מתוך שבחם אין דער "זיג" פון דעם עסטאַבלישמענט למדנו גנותם וואָס זיי זענען באמת אויסן. מער קענען זיי אונז נישט נאַרן אַז זיי לערנען יאָ געהעריג לימודי־חול און אַז זיי ווילן דאָס בעסטע פאַר אונזערע קינדער ווייל מעשיהם יוכיחו. פון דעם געזעץ אין וואָס זיי האָבן געהאַט אַ יד אין פאָרמולירן איז קלאָר אַז זייער ציל איז אַז אַלעס זאָל בלייבן וויאַזוי עס איז און אונז און אונזערע קינדער זאָלן בלייבן ביים נישט קענען לעולם־ועד. נאָר אפילו אַז זייערע בייזע כוונות ווייזן קלאָר ווי ווייט מיר זענען פון אַ תיקון דאַרף עס אויך זיין אַ רוף און אַ חיזוק פאַר די וואָס זוכן צו פאַרבעסערן. מיר דאַרפן נישט קיין גרעסערן באַווייז אַז די לייזונג ליגט נישט ביי אונזערע מנהיגים און אויף ווי ווייט מיר שטייען אין טעריטאָריע פון במקום־שאין־איש. ממילא זאָל דאָס כאָטש דינען פאַר אַ הויכן רוף צו השתדל להיות איש.

נאָר טראָץ דעם אַלעם איז אַלץ אַ פראַגע ווי עפעקטיוו יאַפעד וועט זיין מיט אירע מיטלען, ווי רעאַליסטיש זענען אירע צילן און ווי לייכט עס וועט זיין איינצופירן אירע רעקאָמענדאַציעס ווייטער ווי דער מינימום וואָס זיי פירן שוין דורך.

ראשית־כל די ענדערונגען וואָס מען האָט ביז היינט דורכגעפירט זענען בלויז ביי תלמוד־תורה׳ס און אויף וויפל איך ווייס רירט עס בכלל נישט אָן ישיבה־קטנה׳ס און כל־שכן נישט ישיבה־גדולות. אפילו אין די תלמוד־תורה׳ס זענען די ענדערונגען אויך מינימאַל. עס איז אוודאי אַ חידוש כלפי וואו מיר שטייען אָבער אַ טפה מן הים אויף דאָרט וואוהין מיר דאַרפן אָנקומען. די שינויים נעמען אויך בלויז איין לימודי־חול און אויף לימודי־קודש נעמט יאַפעד נישט קיין שום פּאָזיציע.

ווייטער, בעצם אויף יאַפעד׳ס רוף צו ברייטערע און מער פונדאַמענטאַלע ענדערונגען ווי זיי שלאָגן פאָר אין זייערס אַ באַריכט, געדויערן די ענינים יאָרן און זיי פאַרלאַנגען געוואַלדיגע טעטיגקייט און ריזיגע סומעס געלט. זיי קענען אויך נישט פאַרלאַנגען אַז די סטרוקטור פון די מוסדות זאָל זיך ענדערן און כל־זמן דער געבוי, פירערשאַפט און בעל־הבתים פון די מוסדות בלייבן ווי היינט וועט ריכטיג קיין טויש נישט קומען, ווי מיר האָבן אויבן גערעדט. אפילו דאָס וואָס די מוסדות האָבן פאַרבעסערט ביז היינט איז אויך נישט ווייל זייער ציל אין דעם איז די קינדער נאָר אויף צו פאַרמיידן פון זיך ״צרות״. דאָס ביסל מער לימודי־חול איז בלית־ברירה און כמי שכפאו שד און מען לערנט מיט די קינדער בלויז דעם מינימום אויף יוצא צו זיין כאילו עס האַנדלט זיך דאָ מיט קידוש במקום סעודה. אַזויווי אָבער די רעגירונג וועט מסיח־דעת זיין זענען זיי צוריק צום אַלטן. דער פסח־סקאַנדאַל ווייזט אויך אויף אַז די מוסדות ווילן כסדר פּרואוון זיך אַרויסצודרייען וואו און ווען זיי קענען נאָר. ממילא איז די שאלה ווי לאַנג קען מען אַזוי פירן אַן אַקציע ווייל אַז איינער וועט דאָ צו ערשט מיד ווערן וועט עס נישט זיין די מוסדות.

אויסער דעם פאַרלאָזט זיך יאַפעד אַ סך אויף די רירנדיגע זאַמדן פון פּאָליטיק וואָס זענען אומפאַרלעסליך אפילו אין די בעסטע זמנים, ווער רעדט נאָך אין די איצטיגע בייזע ווינטן און ווי עס האָט זיך טאַקע אויסגעוויזן למעשה ערב־פסח. אונזערע עסקנים זענען געלערנט וויאַזוי זיך אַן עצה צו געבן מיט פּאָליטיקאַנטן מיט לא־יחרץ־געלט און חנופה און הבטחות פון וואַלן און כבוד און ווידער געלט. און די עלטערן וואָס האָבן שוין איינמאָל מפקיר געווען זייערע קינדער, כאָטש על־פי רוב ווילן זיי מער לימודי־חול און בעסערע לימודי־קודש, זענען אויך די זעלבע וואָס לאָזן זיך לייכט איבערערעדן צו שטימען פאַר די וואָס זאָגן צו אַז זיי ווילן שתדל׳ענען צו לאָזן דאָס הפקרות ווייטער אָנגיין.

פרעגט נאָר נישט וואוהין די אָ פּאָליטיקאַנטן שיקן זייערע קינדער און צי זיי און זייערע פֿאַמיליעס וואָלטן טאָלערירט שולעס ווי אונזערע, לערער ווי אונזערע, געביידעס ווי אונזערע און אַ לערן־פּראָגראַם ווי אונזערע. ביי אונז איז אַן עולם־הפוך. אוהבי־ישראל זענען די וואָס זאָגן צו פּאַר אונזערע קינדער דאָס וואָס פּאַר זייערע אייגענע קינדער וואָלטן זיי דערקעגן געקעמפט מיט זייער גאַנצער קראַפט, אָבער עוכרי־ישראל ווען זיי פּרואוון דורכצופירן אַז אונזערע קינדער זאָלן האָבן וואָס פּאַר קינדער איבער דער פרייער וועלט איז אַן אוניווערסאַל רעכט.

די רעגירונג האָט אויך גענוג אייגענע פּראָבלעמען אָן זיך צו פּאָרען מיט אַ געמיינדע וואָס זוכט זיי בשיטה אויסצונאַרן און נישט פּאָלגן. טאַקע מכוח אונזער חינוך־סיסטעם האָט אונזער כלל נישט קיין אייגן קול און כמעט נישט קיין צוטריט צו פּאָליטיקאַנטן. אויף פּאַרבינדונגען זענען מיר אָנגעוויזן אויף די הויכע פענצטער וועמענס אינטערעסן זענען נישט דער תועלת פון זייערע ווילערס, נאָר ביליגער כבוד אין אונזער פרעסע, לייכטער איינטריט צו די "גדולים", שישי'ס, מפטיר און אַ טיטל כתר־מלכות אויף אַ ווינטערדיגן שבת־צו־נאַכטס. סאַראַ אינטערעס זאָל די רעגירונג האָבן אַז אונזערע קינדער זאָלן לערנען ענגליש ווען אַדוואָקאַטן־בריוו רעגענען אויף זיי אַראָפּ איבער דעם עוון חמור פון לערנען מיט בחורים טריגאָנאָמעטריע אָדער דעם חילוק צווישן אַן אַדווערב און אַן אַדיעקטיוו? די רעגירונג וועט זיך נישט רירן סיידן די געריכטן וועלן זיי נייטן און דאָס וועט געדויערן יאָרן און אַ פאַרמעגן מיט געלט. און ווי עס האָט זיך שוין באַוויזן אין אַנדערע פעלער, אפילו אַז די מוסדות פאַרלירן אין געריכט טוישט מען עפּעס אַ סעיף קטן און מען דאַרף פריש אָנהייבן פון דאָס ניי.

דאָס זעלבע איז אין דער פרעסע. זיי וועלן אָפּדרוקן אַן אַרטיקל פון צייט צו צייט און אַמאָל וועלן זיי מאַכן אַ ויצעקו אָבער זיי ווייסן אויך אַז זייערע לייענער קומען כמעט נישט פון אונזערע קהילות און פאַר זייערע אַלגעמיינע לייענער האָט עס בלויז אַ באַגרעניצטן אינטערעס. וויבאַלד די מעדיע זענען אויך נישט צו באַקאַנט וואָס גייט ביי אונז פאָר פון אינעווייניג ווערן זיי אָפט נתפעל פון געשליפענע צונגען ביי אונזערע עסקנים. די ווייסן וויאַזוי צו נוצן ליבעראַלע ווערטער ווי "טשויס" און רעכט ווען עס לוינט זיי כאָטש ביי אונז אינערליך זענען זיי פסול'ע ווערטער. די גרויסע תלמוד־תורה'ס האָבן עטליכע קלאַסן פון יעדן שוליאָר איז אַז זיי גלייבן אַזוי

פיל אין "טשויס" זאָלן זיי געבן אַ ברירה פון פרומערע און מער ליבעראַלע שטראָמען און לאָזן די עלטערן זיך אויסקלויבן. נאָך דעם ענטפער ווייסן מיר אַליין אַז "טשויס" איז פאַר זיי און פאַר אונז איז אַ שטויס.

ווי עס ווייזט זיך אויך אויף ביי דער מציצה־בפה־דעבאַטע, אַז עס זענען דאָ קעגנקעמפערס און די רעגירונג וויל זאָגן אַ דעה שאַפט עס ביי אונז אַן אונז־קעגן־זיי־אַנשטעל און הא גופא פאַראייניגט דעם עולם זיך צו האַלטן פעסט. דאָס אַליין ווערט אויך נאָך אַ סיבה מיר זאָלן אַליין גאַרנישט טון דעריבער ווייל אפשר וועט מען זאָגן אַז מיר גיבן נאָך. ביי מציצה־בפה זעט מען אויך בכלל אַ צוריקגעצויגנקייט פון דער מאַכט און דער מעדיע אין אונזער מולטיקולטורעלע געזעלשאַפטן אויף צופיל זיך אַריינצומישן אין אונזערע אני־מאמינ'ס.

ווייטער זענען דאָ אַזעלכע וואָס טענה'ן, אַז אין די זאַכן קען מען אונז נישט צווינגען און טויש מוז קומען פון אינעווייניג. זיי קענען צייגן אויף דעם וואָס מען שלאָגט היינט קינדער ווייניגער אין די חדרים וואָס קומט פון אינעווייניג (כאָטש אויך ווייל מלמדים האָבן מורא מען זאָל זיי נישט אַרעסטירן אָדער פאַרשעמען אין דער פרעסע און אָנליין). אויך קען מען צייגן אויף דעם ברייטערן באַניץ פון פסיכאָלאָגיע, אונזער צוגאַנג צו קינדער מיט ספעציעלע באַדערפענישן, צו גייסטיגער קראַנקייט און אַנדערע זאַכן וואו עס באַווייזט זיך אַז כאָטש מיר זענען הינטערשטעליג כאַפּן מיר זיך סוף־כל־סוף מיט. מען קען אויך אָנווייזן אויף מוזיק, טאַנץ, און מצווה־טאַנץ־"קליפּס", אַז דאָס וואָס מען וואָלט אַמאָל פאַררעכנט ווי אביזרייהו דגילוי עריות זעט מען היינט ביי פאַמיליעס מיט שטריימל, בעקעשע און הויזן־זאָקן.

כאָטש עס ליגט דערין אַן אמת איז אויך לייכט איבערצוטרייבן. מען קען טאַקע צייגן אויפן וויכטיגן טויש וואָס קומט פון דערין, ווי צב"ש דור ישרים, וואָס גענעטישע בדיקות האָבן פאַרמיטן גאָר אַ סך קינדער פון געבוירן ווערן מיט פיזישע אָדער מוח־אומאָרדענונגען. אָבער קוקט אויך ווי עס איז פאַרכאַפּט געוואָרן דורך אונזער "סטרא אחרא" פון געלט, משפחה־קאָנטראָל און געהיימשאַפט און ווי זיי בונטעווען בהסכמת הרבנים שליט"א אונטער אַ מאַסקע פון פראָגרעס אויף אונז ווייטער צו פאַרשקלאַפן. זיי און אַנדערע געזונט־אָרגאַניזאַציעס זענען גאונים אויף מעלקן געלט אָבער אויף צו דערקלערן דעם עולם אין די ענינים גיבן זיי

אַ גרויסן גאָרנישט און אונזער קאָלעקטיוו עם־הארצות און פחד העלפט זיי גאָר אַז מיר פרעגן נישט צופיל קשיות. דאָס זעלבע איז מיט הצלה און שומרים. אויף לאחר־המעשה קלינגען די סירענעס איבער גאַנצע בלאָקן אָבער אויף איזהו חכם הרואה את הנולד זענען זיי עטוואָס שוואַכער.

די זעלבע סתירה זעט מען אויך אין אונזערע פילצאָליגע צייטונגען און זשורנאַלן. גאָר אַ סך פון זיי און בפרט די נייערע האָבן אינגאַנצן אַ מאָדערנעם אויסלייג און פאָרמאַט, שרייענדיגע פאַרבן און בילדער, רעקלאַמעס פאַר יעדן לוקסוס און פרעס אונטער דער זון אָבער דער תוכן איז בלעטער פון בילדער פון גדולים, אַ שלל מיט שלום־עלי־נפשי'דיגע אַרטיקלען און חלילה נישט אַ חשש קריטיק אויף די פילע חסרונות אין אונזער סיסטעם. ווער רעדט נאָך פון בילדער פון פרויען וואָס בלייבן אסור במשהו און ביי דעם איז בת ק', בת כ' ובת ז' כולן שווין לטובה. אַזוי איז בכלל אונזער אידישקייט כלפי אונזער אַלגעמיינעם לעבנססטיל, און ביי חינוך איז גאָרנישט אַנדערש. וואָס מער אונזער לעבן גייט אויף פאָראויס איז כאילו אויף צו קאָמפּענסירן מוז אונזער אידישקייט שטיין אַלץ מער הינטערשטעליג, און די פאָר באַוועגונגען וואָס מיר האָבן אויף פאָראויס זענען ווייניג און גאָר פאַמעלעך.

מען זעט דאָס אויך ביי די מוסדות אַליין וואו עס האָט זיך שוין אויפגעוויזן ביי געוויסע חסידות'ן וואָס האָבן אַמאָל געהאַט אַ נאָמען אַלס עטוואָס מער "מאָדערן" און זענען געווען בעסער אויף לימודי־חול. ווען די האָבן געפּרואווט צוריקצודרייען און "פאַרבעסערן" זייער אימאַזש האָבן זיי עס געטון דייקא מיט צונעמען פון לימודי־חול. ווייל זיי ווייסן דעם סוד אַז די קרעדענציאַלן פון פרומקייט און היימישקייט ליגן פאַרשטעקט דייקא אין פאַרמיידן וויסנשאַפט פון די קינדער.

אַ סך פון די שינויים וואָס קומען פאָר זענען אויך יחידות'דיג און נישט ביים כלל ווי עס פאַרלאַנגט זיך ביי אַ תלמוד־תורה און אַ שולע. אַז די אינגלעך און מיידלעך טאַנצן סאָלאָ אויף חתונות ווערט נאָך נישט דערפון אַן אתחלתא דגאולה. און ווייל מערערע יונגעלייט גייען קאָלירטע העמדער אָדער "טי־שירטס" ווערט האָק פין (Huck Finn) דערפון נישט ווערן שגור בפיו פון די תנוקות של בית רבן. די סאָרטן זאַכן פאַסירן אויך בדרך־כלל אויף די פראַנזן, ביי "ליידיג־גייערס" אָדער "אויסוואָרפן" און מען טאָלערירט עס בדיעבד כאָטש טיילמאָל ווערט עס אַ חלק פון דעם

הויפטשטראָם. אָבער ווען עס קומט צו אַ שולע און געהעריגע לימודי־חול אין חדרים און איבערדרייען די לימודי־קודש־פּראָגראַמען איז ביי דעם נישט געווען בלויז צו טאָלערירן. דאָס מוז מען משנה זיין בידים און נישט בלויז ביי די פּראַנזן און בדיעבד נאָר בריש גלי און ביים אַלגעמיינעם המון.

לאָמיר אָבער זאָגן אַז עס איז אמת אַז דאָס קען נישט אָנגיין אויף אייביג און סוף־כל־סוף וועלן מיר זיך מוזן טוישן, און לאָז שוין אויך זיין אַז מיר זענען בכוח זיך צו טוישן אפילו אויף אַזוינע פונדאַמענטאַלע ענינים, און לאָמיר אויך זאָגן אַז דער טויש וועט צוברענגען צו אַ פולער אַקאַדעמישער פּראָגראַם פאַר קינדער. שרייט דאָך אָבער אויס: עד מתי? ווי לאַנג וועט דער אָ טויש געדויערן?

אַז די עוואָלוציע פון אונזער מוזיק האָט גענומען פון קאַרלעבאַך אין די זעכציגער און זיבעציגער יאָרן ביז ליפא און די צענער יאָרן, איז דאַרפן מיר מקריב זיין נאָך פערציג יאָר אַז קינדער זאָלן געהעריג קענען רעדן, לייענען און שרייבן און וויסן וואָס ליגט אויף דעם כדור הארץ אויף מזרח, מערב, צפון און דרום? דאַרפן נאָך צוויי אָדער דריי דורות זיך וואַלגערן אין עם־הארצות אַבי נישט דוחק צו זיין דעם קץ? דערווייל זענען די ענדערונגען וואָס מיר ברענגען פון דערין, סעלפאָנס מיט הכשרים, קנעפּלעך פון אויבן די קליידער און אינטשעס פון אונטן, אַלץ העכערע און לענגערע מחיצות, און דעם קאַרוסעל פון די דורשי אל המתים פון איין קבר צום צווייטן און צום דריטן.

לאָמיר אויך נעמען "אַביוז" וואָס פאַרשעמליך זענען מיר אפשר מיט דרייסיג יאָר הינטערשטעליג פון דער וועלט. איז וועט עמעצער זאָגן אַז מען זאָל לאָזן לעסטערער לעסטערן ווייל דער טויש מוז קומען פון דערין? און אַז צום באַדויערן זענען דאָ אַזוינע וואָס זאָגן טאַקע אַזוי, איז דען כדאי אַזוינע אויסצוהערן און זיי אין באַטראַכט צו נעמען?

והדרא קושיא לדוכתיה: מאין יבוא עזרי? פון וואַנעט וועט אונזער ישועה קומען און וואָס קען מען דערצו טון?

עת לעשות לה׳

• קאַפּיטל י"ד •

עת לעשות לה'

מען האָט שוין גענוג איבערגערעדט וואָס דאָ גייט פאָר, די סתירה פון אונזער לעבן מיט דעם וואָס מיר שטעלן צו פאַר אונזערע קינדער און בפרט די אינגלעך, די אָפּגעפּרעגטקייט פון אויפציען קינדער אָן זינען און אָן שכל, די הוילקייט פון כלומר'שטע כל־היום'יגע לימודי־קודש, דער שרעקליכער שאָדן פון נישט לערנען לימודי־חול, דער פחד פון עפּעס צו טוישן און זוכן צו פאַרבעסערן, און, דאָס ערגסטע פון אַלעס, דאָס וואָס מיר זענען פּושע בידים קעגן די צו וועם מיר האָבן דאָס גרעסטע אחריות.

אַז דאָס דאַרף אַ תיקון איז אַ מילתא דפשיטא און בלויז דער וואָס מאַכט זיך ווילנדיג בלינד זעט נישט וואָס דאָ גייט פאָר. די צייט מתקן צו

זיין איז רייף מיט אַ וואַקסנדיגן אומצופרידענעם עולם און אויף אַ תקנה איז דאָ בלויז איין עצה און דאָס איז אָנצוהייבן פון דאָס ניי. דאָס אַלטע קען מען נישט פאַרריכטן און בלויז אַ רעוואָלוציע קען אונז ראַטעווען. מיט אַ רעוואָלוציע מיין איך נייע תלמוד־תורה'ס און אַ נייעם וועג אין חסיד'ישן חינוך פאַר אינגלעך, גענצליך זעלבשטענדיג פון חסידות'ן און פאַרטייען און געצילט אך־ורק לשם קינדער און צוליב קינדער.

דער יסוד פון אונזער תלמוד־תורה איז אַ פשוט'ער כאָטש אַ יסודות'דיגער:

- לימודי־קודש אויף אַ ברייטן פאַרנעם און אַ הויכן ניוואָ מיט אַ זינען און אַ תכלית צוגעפּאַסט צו דעם עלטער און פאַרשטאַנד פון די קינדער. דאָס וועט כולל זיין תנ"ך, משניות, גמרא, לשון־הקודש כולל דקדוק און לייכטן פיוט, הלכה, מוסר, אידיש, ווי אויך תולדות עם ישראל און ידיעה כללית.
- לימודי־חול פון אַ פולער אַקאַדעמישער פּראָגראַם לויט דעם וואָס איז אַלגעמיין ערוואַרט פון קינדער אין דעם עלטער און לויט וואָס דאָס געזעץ פאַרלאַנגט, אַדאַפּטירט אַז עס זאָל זיין צוגעפּאַסט פאַר אונזערע קינדער און אונזער קולטור.
- אַקטיוויטעטן ווי ספּאָרט, שאַך, מוזיק, קונסט, פּאָרן אין אינטערעסאַנטע פלעצער פון נאַטור און קולטור און ענליכע אַקטיוויטעטן כדי צו אַנטוויקלען ביי די קינדער די קערפּער און מוחות און זיי צו געבן געלעגנהייטן אַרויסצולאָזן זייער פיזישע און שעפערישע ענערגיע.

פאַרשטייט זיך אַז די חילוקים צווישן אַזאַ תלמוד־תורה און אַזאַ וואָס מיר זענען היינט געוואוינט וועלן זיין פיל מער. אין די מלמדים, די לערערס, די שעה'ן, די געביידעס וכדומה. דער לערנטאָג און סעמעסטער וועלן אַנדערש אויסזען, די קלאַסן וועלן זיין קירצער, מען וועט שרייבן אַ סך מער בפרט אין לימודי־קודש, מען וועט פאַרהערן ווי עס דאַרף צו זיין און מען וועט צייכענען באמת וביושר און אוודאי וועט מען באַהאַנדלען די עלטערן ווי פולקאָמע שותפים אינעם עסק.

די זענען געוויס אַלע וויכטיגע זאַכן וואָס מען וועט מוזן דן זיין בכובד ראש, מיט אחריות און מיט פּראַקטיק. מען וועט זיי מוזן אויסשטעלן בטוב טעם ודעת לויט די אומשטענדן און, ווי געזאָגט, אך־ורק לשם די קינדער. איך בין אָבער נישט אויסן דאָס אַלעס פירצושרייבן. איך האָב קיינמאָל נישט

עוסק געווען אין עניני־חינוך אויסער אויפציען מיינע קינדער און מיינע אַלגעמיינע אָבזערוואַציעס און איך וועל נישט מאַכן קיינע פרעטענציעס מיט געבן עצות בפרטיות וויאַזוי צו פירן און אָרגאַניזירן אַ שולע. עס איז אויך נישט נייטיג ווייל דאָס זענען פון אונזערע קלענסטע פאַרמעסטונגען כאָטש אוודאי מוז מען זיך אָפּגעבן אויך מיט די זאַכן מיט שכל און מיט דערפאַרונג.

מיר לעבן נישט אין מיטל־עלטערישע תקופות און אויך נישט אין הינטערשטעליגע מדינות. מיר זענען באַזעצט אין מטרופולין און מיר זענען אַרומגענומען מיט שולעס סיי פרום־אידישע, סיי וועלטליך־אידישע און סיי אַלגעמיינע וואָס צווישן זיי זענען דאָ אַזוינע וואָס ווערן פאַררעכנט צווישן די בעסטע אויף דער וועלט. עס זענען פאַראַן ביכער און שטודיעס און טעאָריעס און מומחים אין אַלערליי שיטות אין פראַקטיק פון אויסשולונג און חינוך. עס זענען דאָ צו באַקומען אַן אויסוואַל פון קוריקולומס סיי פאַר לימודי־קודש סיי פאַר לימודי־חול וואָס מיר קענען לייכט אַדאַפּטירן, איבערזעצן אָדער אַריבערברענגען מיט מינימאַלע הוצאות און טירחא. ממילא סיי איז עס נישט נייטיג און סיי בין איך נישט קוואַליפיצירט דאָ מוסיף צו זיין. פון די פרינציפן קען איך אָבער רעדן ווייל פונקט ווי מען דאַרף נישט זיין קיין מומחה צו זען וואָס טויג ביי אונז נישט דאַרף מען אויך נישט זיין קיין מומחה צו פאַרשטיין דעם מינימום וואָס עס פאַרלאַנגט זיך עס זאָל יאָ טויגן.

אַזאַ נייע תלמוד־תורה וועט זיין אָפן און אָרנטליך מיט אירע אידעען ווייל מיר זענען פאַרזיכערט אין אונזערע מיינונגען און מיר האָבן נישט אויף וואָס זיך צו פאַרענטפערן. ווייל דאָ איז תורה נישט קיין סתירה צו וויסנשאַפט, און שעפערישער אַנטוויקלונג און אַקטיוויטעטן וואָס זענען מחוץ דער לערן־פּראָגראַם מעגן גיין האַנט אין האַנט מיט הוויות דאביי ורבא.

מיר זוכן חלילה נישט עובר צו זיין אויף קיין שום איסור. פאַרקערט גאָר. דאָס וואָס מיר ווילן צושטעלן איז שטאַרק אויסגעהאַלטן לויט דער גמרא און לויט ווי חז״ל און די ריזן פון אונזער היסטאָריע, אַריינגערעכנט גאונים ווי אויך ראשונים ווי דער רמב״ם, דער אבן עזרא און פיל אַנדערע האָבן געלעבט. מיר צילן אויפצוהאָדעווען אַ שטאַרקערע, קליגערע און מער געלונגענע יוגנט. מיר ווילן מאַכן שטאָלצע אידן אַזוי אַז ווען עס קומט אַ באַאַמטער אָדער איינער וואָס קען נישט אונזער הלוך־ילך קען מען צייגן

אויף די קינדער, כזה ראה וקדש. ווי עס שטייט אין פסוק אין ישעיה, "וְנוֹדַע בַּגּוֹיִם זַרְעָם וְצֶאֱצָאֵיהֶם בְּתוֹךְ הָעַמִּים כָּל רֹאֵיהֶם יַכִּירוּם כִּי הֵם זֶרַע בֵּרַךְ ה'", זייערע קינדער וועלן זיין באַוואוסט צווישן אַלע פעלקער, אַלע וואָס זעען זיי וועלן אין זיי דערקענען אַז זיי זענען קינדער געבענטשט פון גאָט. און נישט נאָר וועט מען קענען צייגן אויף זיי נאָר זיי וועלן זיך אויך קענען לאָזן הערן אין זייערע אייגענע ווערטער.

אַזאַ תלמוד־תורה וועט זאָגן הויך און קלאָר אַז נישט נאָר וועלן זיי נישט מאַכן קיינע פשרות אויף דער אידישקייט פון די תלמידים נאָר זיי וועלן צילן אויף דעם העכסטן ניוואָ. מיר וועלן לערנען לימודי־קודש אויף צו קענען און נישט אויף צו פאַרברענגען די צייט. אַז מיר לערנען חומש מיט מפרשים וועט עס זיין די גאַנצע סדרה אָדער דער גאַנצער ענין און נישט בלויז ביז שני. מיר ווילן אַז די קינדער זאָלן קענען לשון־הקודש אויף אַ סטאַנדאַרט אַז אבן עזרא זאָל זיי נישט אויסזען ווי קבלה. מיר וועלן זיי אויסלערנען נביאים צו וויסן פון די מלכי־ישראל און פון די געשעענישן פון אונזער היסטאָריע, פון אונזערע העלדן און פון אונזערע שאַרלאַטאַנען. זיי וועלן אויך לערנען כתובים אַז תהלים וועט ביי זיי נישט זיין דאָס וואָס מען פאַפּעגייעט. און ווען זיי זענען גענוג אַלט מעגן זיי לערנען איוב און זיך אויסלערנען אַז דאָס האָבן קשיות איז נישט אַפּיקורסות און אַז מען מעג פאַרלאַנגען מער ווי פלאַטשיגע הסברים.

מיר ווילן אוודאי זיי זאָלן קענען משניות און גמרא אָבער ביי אַן עלטער וואָס זיי קענען עס תופס זיין ווי די משנה זאָגט, בן עשר למשנה, בן חמש עשרה לגמרא כאָטש דאָס דאַרף מען אויך אַדאַפּטירן צו היינטיגע אומשטענדן. זיי וועלן לערנען מסכתות און פרקים לויט דעם עלטער און פאַרשטאַנד פון די אינגלעך אויף צו קענען פאַרשטיין און מיטהאַלטן. און אַלעס מעג זיין אין אידיש אַז זיי זאָלן קענען אויפשרייבן גאַנצע זייטן פון אַ בויגן ווי איידער צוויי שורות פון אַ מחלוקת אַז ב"ש אוסרים וב"ה מתירים. די מעטאָדן פון לערנען קענען זיין מיט ווייסע טאָוולען וואו דער רבי קען אויסמאָלן וואָס מען לערנט, מיט פּאַוערפּוינט־פּרעזענטאַציעס, מיט לערן־צעטלעך וואָס פאַרמאָגן לכל־הפחות אַזוי פיל פאַרבן און מאָלערייען ווי די רעקלאַמעס אויף דעם לוח־מודעות אין יעדער שול און באַשיימפּערלעך אויך מיט קאָמפּיוטערס.

און אין די יונגערע כיתות בפרט מעגן זיין פרויען־לערערינס אויך, טאַקע ווי פאַרשידענע חדרים האָבן ביז לעצטנס געהאַט. אַז פרויען זענען מער געלערנט, מער געדולדיג, מער ליבליך צו די קינדער און האָבן אַ בעסערע זעלבסט־דיסציפּלין זאָלן זיי קומען לערנען מיט די קינדער און מיט דעם אַליין וועט מען פטור ווערן פון אַ סך פון אונזערע פּראָבלעמען. קלאַסן וועלן אויך קענען זיין קירצער ווייל דער לערער וועט אָנקומען צו דער באַשטימטער צייט ווי אויך אינטערעסאַנטער אַז מען באַנוצט זיך מיט מאָדערנע לערן־מיטלען און מען גיט די קינדער כסדר'יגע געלעגנהייטן אַנטייל צו נעמען. בקיצור, ווי אַ נאָרמאַלע שולע איבער דער גאָרער וועלט וואָס קלאַסן זענען אויספּלאַנירט לויט דעם וואָס עס טויג פאַר די קינדער.

און מיר האַלטן נאָך ביי לימודי־קודש. אויף לימודי־חול וועט מען לערנען מיט די קינדער אַלעס וואָס מען דאַרף זיי אויסלערנען. אַ פולע אַקאַדעמישע פּראָגראַם פון לייענען, שרייבן, מאַטעמאַטיק, וויסנשאַפט, קונסט, ווי אויך ספּאָרט אויף זיך אויסצושוויצן און זיך לערנען מיטאַרבעטן מיט אַ מאַנשאַפט ("טים" אַרבעט). און נישט ביים סוף טאָג ווען די קינדער זענען שלעפעריג און נישט דורך אַ שטאַב פון יונגעלייט וואָס האָבן זיך טרענירט אויף אַ פּאָר שעה, אויב דאָס, נאָר דורך לערערס וואָס זענען קענטיג, קוואַליפיצירט און באַהאַוונט.

די מלמדים און לערערס וועלן אויך נישט זיין ווי צוויי מיליטערן וואָס קעמפן איינס מיטן צווייטן נאָר ווי דאָקטוירים אין אַ שפּיטאָל וואָס

בייטן זיך און דער צווייטער נעמט איבער דאָרט וואו דער ערשטער האָט איבערגעלאָזט. די מלמדים וועלן ערן און אָפּשאַצן די וואָס לערנען לימודי־חול מיט די קינדער און די לערערס וועלן נישט האַלטן די מלמדים פאַר פרימיטיווע עם־הארצים. זיי וועלן קענען האָבן דעם זעלבן אָפּרו־צימער אָן דעם אַז די מלמדים זאָלן זיך שעמען אַז דערוואַקסענע מענטשן זאָלן אויסהערן זייערע קינדער־שמועסן און אָן דעם אַז די לערערס זאָלן שפּירן אַז מען קוקט אויף זיי אַראָפּ און מען שפּעט פון זיי.

וכאן המקום לומר אַז אונזער תלמוד־תורה איז אָפן פאַר יעדן. מיר שאַצן אַלעמען אָפּ און געבן חלילה מיט קיינעם נישט אונטער. מיר זענען נישט בדיעבד, נישט פאַר "אַזוינע סאָרטן" און נישט פאַר קיין פּאַרטיי. מיר האָבן, פאַרשטייט זיך, אידעאַלן אָבער אַז איר זענט פרום און אַ שומר־תורה־ומצוות האָט אייער זון ביי אונז אַ פּלאַץ. אַזאַ שולע וועט מן־הסתם מער נושא־חן זיין ביי די וואָס האַלטן טייער די חסיד'ישע קולטור בכלל און די אידישע שפּראַך בפרט. עס וועט זיין באַזירט אין געגנטער וואו עס וואוינען מער חסידים און אידיש־רעדערס. לימודי־קודש־קלאַסן וועלן זיין אויף אידיש און מיר וועלן אויך צילן אַז די קינדער זאָלן זיך באַנוצן מיט אידיש צווישן זיך. ממילא איז אָנצונעמען אַז עס וועט נישט זיין צו יעדנ'ס טעם. דער עיקר איז אָבער צו פאַרשטיין אַז די קולטור פון זיך אויסקלויבן שולעס לויט דער שיינקייט פון די עלטערן מוז זיך איבערבייטן ווייל דאָרט ליגט דער אתחלתא דפרענותא פון אַלע אונזערע אייגנטריט־פּראָבלעמען.

ווי איך האָב שוין געזאָגט זוך איך דאָ נישט אַראָפּצולייגן אַ סדר־הלימוד מיט אַלע פּיטשעווקעס און דאָ איז אויך נישט דער פּלאַץ פאַר אַלע סעיפים פון אַן איינטריט־פּאָליסע. נאָר וויבאַלד אונזער חשבון אין אַזאַ תלמוד־תורה איז בלויז די קינדער און זייער צוקונפט, ממילא זאָל קומען ווער עס וויל בתנאי אַז זיי שטימען צו צו אונזערע אידעאַלן און ווילן פאַר זייערע קינדער וואָס מיר האָבן פירצולייגן. פאַר אַזוינע זאָגן מיר, ברוך־הבא און בא ברוך ה'. ברענגט אייערע זין און מיר וועלן זיי דערציען כדת־וכדין, צו גאָט און צו לייט.

מיר וועלן אויך קענען אָנבאָטן קלאַסן פאַר עלטערן אויף וויאַזוי אויפצוהאָדעווען קינדער (parenting) דורך ריכטיגע מומחים אין זייער פעלד. נישט מוח־וואַשעריי, נישט וויאַזוי צו באַשאַפן קלאָנען און נישט קיין פּוסטע דרשות פון ליבשאַפט צו די וואָס זייער גאַנצער לעבנס־שטייגער

איז אַ סתירה מיט דעם וואָס זיי פאַרלאַנגען פון זייערע קינדער. נאָר קלאַסן וויאַזוי אויפצוציען קינדער מיט זינען, מיט אַ תכלית און טאַקע אויך מיט ליבשאַפט כדי אַרויסצוברענגען פון איטליכן קינד דאָס בעסטע. מיר דאַרפן די עלטערן ווי פולקאָמע שותפים אין דער דערציאונג פון די קינדער, ממילא איז נאַטירליך אַז מיר זאָלן אינוועסטירן צייט און כוחות אַז אונזערע שותפים זאָלן קענען טון וואָס איז דערוואַרטעט און מען ריכט זיך פון זיי.

ווי אונזערע שותפים וועלן מיר אויך פאַרזיכערן אַז עלטערן זאָלן קענען מיטהאַלטן וויאַזוי די קינדער וואַקסן אונטער און גיין דורך די שטאַפלען צו פאַרברייטערן זייערע מעגליכקייטן און פאַרשטאַנד. אַ שולע־צעטל וועט נישט זיין אַ פרישער איסור נאָר מען וועט באַקומען כסדר בליצבריוולעך צו אינפאָרמירן די עלטערן וואָס גייט פאָר. אַ געשריבענער באַריכט וועט באַריכטן אויף די צילן פון דעם קוריקולום כלפי דעם קינד, וואָס מען דערוואַרט פון אים און וויאַזוי ער פראָגרעסירט, די פעאיגקייטן אין וואָס ער צייכנט זיך אויס און דאָרט וואו ער דאַרף זיך פאַרבעסערן. ביי אַן עלטערן־לערער־קאָנפערענץ וועלן די לערער אָפּגעבן אַ באַריכט די עלטערן אויף דעם פראָגרעס פון זייערע קינדער און טאַקע פאַר די קינדער - זיי מעגן אויך הערן וואָס מען רעדט איבער זיי. אויף אַ פּי־טי־עי־זיצונג וועלן עלטערן קענען אַרבעטן בשותפות כדי צו פאַרבעסערן די שולע און צו וויסן אַז מען רעכנט זיך מיט זייער מיינונג אָן דעם אַז די עלטערן זאָלן מורא האָבן צו זאָגן אַ האַלב וואָרט.

צו אַזוינע שולעס צילן מיר, דאָס שלאָגן מיר פאָר און בלויז דאָס און נישט עפּעס אַנדערש איז אונזער אַגענדע. אַ תלמוד־תורה מיט אַ טראַדיציאָנעלן טעם אָבער מיט אַ מאָדערנעם שכל'דיגן גאַנג.

• קאַפּיטל ט"ו •

כסף מנלן?

איינע פון די ערשטע און גרעסערע שאלות איבער אַזוינע אינסטיטוציעס איז געלט. כלומר, וויאַזוי וועט מען פאַר דעם באַצאָלן? אַז מען וויל האָבן אַ געהעריגע שולע מוז מען האָבן אַ געהעריגע געביידע מיט פּלאַץ אויף צו לערנען, צו מאַכן עקספּערימענטן, אַ שטח צו שפּילן, אַ זאַל צו רעדן צו די קינדער און וואו זיי קענען פאָרשטעלן אַ פּיעסע, אַ ביבליאָטעק, אַ מוזיק־שטוב און נאָך ענליכע באַקוועמליכקייטן. און אַז מען דאַרף איינאָרדענען אַ געהעריגן קוריקולום און אַ לערן־פּראָגראַם וועט עס קאָסטן געלט פאַר הילף דאָס צאַמצושטעלן און פאַר ביכער. אַ פּראָפעסיאָנעלער שטאַב אויף לימודי־קודש און אויף לימודי־חול פון באַהאַוונטע מלמדים און געלערנטע לערערס אויף אַ גאַנצער רייע

לימודים קומט אויך נישט אומזיסט. אַזוינע באַהאַוונטע לערערס וועלן פאַרלאַנגען אַ העכער געהאַלט און צו באַקומען לכתחילה אַזוינע מלמדים וועט די שולע אפשר מוזן סובסידירן זייערע שטודיעס און אויסשולונג. אויף דעם אַלעם וועט מען מוזן באַצאָלן, וכסף מנלן, פון וואַנען וועט מען דערצו נעמען דאָס געלט?

מיר האָבן אויבן געשריבן וויאַזוי עס האַנדלט זיך איבער געלט אין אונזערע הייַנטיגע חדרים, פאַרוואָס זיי דאַרפן נישט אַזוי פיל ווי זיי מאַכן דעם אָנשטעל און וויאַזוי זיי שטעלן צאַם דאָס וואָס זיי דאַרפן. מיר וועלן נישט בלויז דאַרפן מער געלט נאָר אונז וועט אויך אויספעלן זייערע קוועלער פון געלט און מענטשן, און בפרט ביים אָנהייב. וויבאַלד מיר וועלן בעל־כרחך אָנהייבן אויף אַ קליינעם פאַרנעם וועלן מיר נישט האָבן דעם כוח פון מענטשן צו זאַמלען, אַ געזעצטן עולם וואָס רעכנט צווישן זיך נגידים וואָס לאָזן זיך קאָסטן און אויך נישט די מיטלען צו ציען נגידים ווי עס איז ביי די חסיד׳ישע הויפן.

איז אַזוי. די אַלע הכנסות פון פעדעראַלע, שטאַטישע און שטאָטישע פראָגראַמען פון וועלכע הייַנטיגע מוסדות געניסן וועלן ווייטער זיין צו באַקומען. פאַרקערט גאָר, מען וועט דאַרפן וויינגער בלאָפן און אויסנאַרן כדי ביי זיי זוכה צו זיין און פון דעם וואָס מען באַקומט וועט מער בלייבן ביי די קינדער. די געלטער וואָס הייַנט נאַשט מען אַראָפּ פון זיי צו צאָלן פאַר די עסקנים, פאַר די גרויסאַרטיגע חתונות, פאַר דעם רבינ׳ס קאַר און דירות פאַר די אייניקלעך, דאָס וועט קענען גיין פאַר די תלמוד־תורה־קינדער. מיר טייטשן ״לא ימושו מפיך ומפי זרעך ומפי זרע זרעך מעתה ועד עולם״ פאַר אַלע אונזערע קינדער און נישט בלויז פאַר אַ פאָר כלומר׳שט דערהויבענע פאַמיליעס.

חוץ דעם, ישראל נתבעים ונותנים און ווי אַלע דערציאונג־אינסטיטוציעס וועט מען זיך דאָ אויך מוזן פאַרלאָזן אויף נגידים און פילאַנטראָפּן. עס וועט טאַקע זיין שווערער און אין אָנהייב אפשר גאָר שווער אָבער מען וועט זיי געפינען. קוקט זיך אום וויפל נדבנים עס זענען דאָ פאַר נאַרישקייטן, פון אַריינמישן זיך אין יענעמ׳ס גט כדי ״מציל״ צו זיין די קינדער, ״העלפן״ נאָך עפּעס אַ פאַרברעכער אָדער דינגען פאַרן רבי׳ן אַ פּריוואַטן עראָפּלאַן. אַז עס איז דאָ געלט פאַר די זאַכן וועט מען אויך געפינען פאַר אַזאַ וויכטיגן צוועק ווי דאָס דערציען אונזערע קינדער

לתורה ולעבודה ולגמילות חסדים. עס איז ביי מיר קיין ספק נישט אַז מיר וועלן קענען דערטאַפּן אַ נייעם דור גבירים וואָס זענען מצליח אין זייערע פעלדער און וועלן לייכט איינזען אַז די אַלטע סיסטעם וואו אַ פּאָר מוצלחים גאַראַנטירן אַז די אָרעמע זאָלן בלייבן אָרעם קען נישט האָבן קיין קיום.

עס איז פאַראַן אַן אויסשפּרעך "גיב אַ מענטש אַ פיש, פיטערסטו אים אויף אַ טאָג, לערן אים אויס צו כאַפּן פיש, פיטערסטו אים אויפן לעבן". אונזערע היינטיגע צדקות זענען על־פּי רוב פון טיילן פיש און מיר וועלן מוזן טוישן אויך די שטעלונגען פון די גבירים. מיר וועלן אָבער זיכער געפינען פאַרשטאַנד און סימפּאַטיע סיי ביי חסיד'ישע גבירים וואָס פאַרשטייען אַז אונזער סיסטעם קען נישט און טאָר נישט אַזוי ווייטער אָנגיין און סיי ביי נישט־חסיד'ישע און וועלטליכע פילאַנטראָפּן וואָס זעען אונזערע שטאַרק וואַקסנדיגע צאָלן און ציטערן פאַרן טאָג ווען מען וועט פרעגן צי דער עם־הספר קען בכלל לייענען און שרייבן.

אַזוינע נדיבי־עם וועלן טאַקע פרעגן מערערע שאלות וואָס מען טוט מיט זייער געלט. דאָס זעצן זיי ביים רבינ'ס רעכטער האַנט און גיין מיטן רבי'ן אַ יחידות־טאַנץ וועט פאַר זיי נישט זיין קיין תירוץ אויף אַלע קשיות. פאַרדעם דאַרף טאַקע אַזאַ תלמוד־תורה און שולע האָבן אַ פאַרוואַלטונג פון פרנסים און אחראים וואָס אַרבעטן לשם די צילן פון דער שולע און וואָס האָבן נישט מורא אויפצומאַכן די ביכער. ווייל אַז דאָס גאַנצע געלט גייט פאַר די קינדער, וואָס איז דען דאָ צו באַהאַלטן? אדרבה, זאָלן זיי ברענגען זייער דערפאַרונג אין מסחר און ווייזן און העלפן וויאַזוי דאָס אויפצושטעלן און פירן.

דאָס איז אָבער אַלעס אַ טפל אויף אָנצופילן די לעכער. דער ריכטיגער ענטפער איז נישט באַלד צו לויפן צו נדבנים און סוחרים, נאָר דער מודה־אני און דער הויפּט־מקור פון הכנסה מוז קומען פון די וואָס באַנוצן זיך מיט די שולעס: כלומר די עלטערן אַליין. עלטערן וואָס באַנוצן זיך מיט די שולעס וועלן מוזן ריכטיג נושא־בעול זיין און צאָלן אַ רעאַליסטישן פּרייז פאַרן אויפציען זייערע קינדער. דאָס דאַרף זיך נישט הערן ווי אַ חידוש און אַז איר זענט שאָקירט מיט אַזאַ פשוט'ן זאַץ איז נאָך אַן אויפצייג פון דעם סאָרט וועלט וואָס מיר באַזעצן און פאַרוואָס עס קומט זיך אונז דאָס וואָס מיר האָבן.

יונגעלייט: מאַכט אייך אַ חשבון. היינט צאָלט איר אַרום $300-$350 אַ חודש פאַר אַ קינד, וואָס קומט אויס אַרום $75-$80 אַ וואָך. מאַכט אַ חשבון צי איר צאָלט נישט אַזוי פיל אויף זויבער צו מאַכן ביי אייך אינדערהיים, וואָס עס קאָסט אייערע חודש'ליכע אָפּצאָלונגען פאַרן קאַר מיט לעדערנע זיצן וואָס איז פאַרקירט בי אייך אין דער "דרייוו", די ווערט פון אייער פרוי'ס צירונג, וויפל איר האָט זיך געלאָזט קאָסטן אויפן נייעם שייטל און שטריימל אויף יום־טוב. אייערע קינדער זענען געגאַנגען מיט שטייפע פיאות צום פאָטאָגראַף־סטודיאָ און יו"ט האָט איר נישט אָפּגעשניטן דאָס קלעפּצעטל אויפן אַרבל פון זייערע נייע אַנצוגער אַז יעדער אין שול זאָל זען וואָס פאַר אַ שניט דאָס איז. איר גיט אויס מאות אויף ספּאַען און מאַניקורן און פעדיקורן און אלפים צו מאַכן אַ לעבן אין וועיגאַס און האַוואַאי אָבער אַז מען וועט העכערן דעם שכר־לימוד וועט איר מאַכן געוואַלדעס אין שול און אויף די גאַסן. ווי קענט איר האָבן טענות אויף די מוסדות און די מלמדים אַז איר באַהאַנדלט זיי מיט אַזאַ לייכטשעצונג? אמת, נישט יעדער איז אַזוי אָבער דער וואָס וואוינט אין אונזערע שכנות'ן און זעט די קליידן און רעקלאַמעס און קוקט זיך צו צו אונזער לעבן ווייסט אַז איך רעד נישט דאָ פון אַ פּאָר איינצעלנע נפשות.

די עלטערן וועלן עס מוזן אויסהאַלטן נישט בלויז ווייל מען דאַרף דאָס געלט, כאָטש אוודאי דאָס אויך, נאָר ווייל עלטערן וואָס זענען נישט גרייט זיך מקריב צו זיין מהונם פאַר זייער קינדער'ס עתיד וועלן אויך נישט שטיצן די קינדער און זייערע אינסטיטוציעס מגרונם. עלטערן וואָס ווילן איינגעבן זייערע קינדער מוזן וויסן אַז זיי מוזן אויף דעם באַצאָלן ווייל דאָס איז ביי זיי דאָס וויכטיגסטע. און טאָמער קענען זיי דאָס נישט און זייערע עס־יו־וויס און טייערע וואַקאַציעס און אַלע אַנדערע מאַטעריאַליסטישע געברויכענישן קומען צו ערשט, איז מי שלא טרח לא יאכל און מיר וועלן ווייטער זינקען איידער מיר וועקן זיך אויף.

אוודאי אַנערקענען מיר אַז נישט יעדער קען זיך דאָס דערלויבן און אַזוינע וועלן דאַרפן הילף. פאַר די וועט מען זיך טאַקע מוזן ווענדן צו די נדיבי־עם צו סובסידירן דעם שכר־לימוד, אויף סטיפּענדיעס און אַנדערע סאָרטן הילף. אָבער זאָלן די נדבנים זען אַז דאָס איז אַ שולע וואו עלטערן זענען גרייט זיך מקריב צו זיין פאַר זייערע קינדער און אַזוי אַרום וועלן זיי באַשיימפערלעך אויך נושא־בעול זיין אויף אַ ברייטערן פאַרנעם.

איך האָב אָנגעהויבן דאָס קונטרס'ל מיטן שילדערן דעם היינטיגן לעבנס־שטייגער און אויב מיר ווילן נישט איינזען במחשבה בדבור ובמעשה אַז מיר מוזן זיך אַליין אויך ענדערן בין איך אינגאַנצן אַ זורע אל קוצים. בלויז אַז מיר וועלן זיך אַליין מקריב זיין וועלן מיר קענען איבערצייגן אַנדערע אַז זיי זאָלן זיך מקריב זיין. מיר וועלן זיך מוזן מקריב זיין סיי מיטן אַריינגעבן אונזערע קינדער און סיי צו שטייער צו געבן מיט געלט און מיט טעטיגקייט און סיי צו שטיצן אידעאָלאָגיש. עס וועלן זיין גענוג קריטיקער און מקטרגים און זיי וועלן זיין מער אָרגאַניזירט און גרעסער פון אונז. אָבער מיט מסירת־נפש אויף אונזער זייט און אַ טאָטאַלער איבערגעגעבנקייט בכל לב ובכל נפש ובכל מאד, מיט אונזער גאַנצן האָב־און־גוטס, צו אונזערע אידעאַלן און צו דער צוקונפט פון אונזערע קינדער איז אָן קיין ספק אַז מיר וועלן זיי באַקעמפן.

• קאַפּיטל ט"ז •

בנערינו ובזקנינו נלך

קומען מיר דאַן אָן צו די גרעסטע פאַרמעסטונגען וואָס זענען נישט שייך בכלל איבערצושאַצן. די זענען ראשית־כל די למעשה'דיגע גרינדונג פון אַזאַ נייער חסיד'ישער תלמוד־תורה און צווייטנס איבערצורעדן עלטערן צו קומען איינשרייבן זייערע קינדער. עס איז נישט גענוג איבערצורעדן די עלטערן זיי זאָלן מסכים זיין מיט אונז נאָר מיר מוזן אויך פאַרזיכערן אַז די מניעות וואָס האָבן זיי אָפּגעהאַלטן ביז היינט פון שיקן זייערע קינדער אין נישט־חסיד'ישע שולעס זאָל זיי ווייטער נישט פאַרמיידן פון שיקן אין אַזוינע נייע שולעס.

מיר זענען נישט אונטער קיין שום אילוזיע איבער דער גרייס פון דעם פאַרמעסט און מיר נאַרן זיך גאָרנישט איבער דער הייך פון דעם באַרג

וואָס מיר מוזן אויף אים אַרויפקריכן. די נייטיגקייט דערצו מעג שרייען פון זיך אַליין. געלט מעג זיין ווי מיסט און געביידעס איבער גאַנצע בלאָקן. אָבער אָן די נחשונים וואָס וועלן דאָס גרינדן, אויפשטעלן און פירן, און אָן עלטערן צו ענטפערן צום פאַררוף פון הבה לי בנים, כלומר, דעם למעשה'דיגן אַקט אַז עלטערן זאָלן בידים איינשרייבן זייער אינגל אים איינצוגעבן אין אַזאַ שולע, הייבט זיך גאָרנישט אָן. דאָס וועט זיין אונזער קריעת־ים־סוף און נאָך ווי אַ קריעת־ים־סוף. נאָר דער ים־סוף האָט זיך אויך געשפּאָלטן און דעם ים־סוף איז מען אויך אַריבער.

דאָס וועט מען מוזן בויען מיט שוויס און שכל פון דעם אָפּגרונט אויף אַרויף. מען וועט עס מוזן האָדעווען צוביסליך טרעפּ נאָך טרעפּ, מען וועט מוזן דאָס קענען פּרעזענטירן ווי אַ למהדרינ'דיגע אָפּציע אויף איבערצורעדן צווייפלערס און זיכערע גלייך און מען וועט דאַרפן דערצו די פעסטקייט זיך צו קענען פאַרטיידיגן פאַר די מלעיגים און משחיתים.

איך ווייס נישט ווער וועט זיין אונזער גואל־ומושיע אָבער איך ווייס אַז ער אָדער זי איז צו געפינען. פונקט ווי אין לך אדם שאין לו שעה איז אויך אין לך שעה שאין לה אדם. אַז איר לייענט וואָס איך שרייב און עס רעדט צו אייך זענט איר אפשר דער מענטש. טאַקע נישט יעדער איז פעאיג און נישט יעדער האָט די געלעגנהייטן אָבער טאָמער זענט איר מסכים מיט דעם וואָס איז דאָ געשריבן איז הייבט אָן צו טון.

די שמועסן חזר'ן זיך כסדר איבער, איר ווייסט ווער האַלט ווי אייך, איר קענט די וואָס זענען בייז און האָבן די ענערגיע אָנצוהייבן אַ באַוועגונג, איז נעמט אייך צוזאַמען און הייבט אָן צו טון. רופט אחים לדעה וואָס יעדער פון זיי קען רופן נאָך חברים, פאָרמירט וואָטסאַפּ־גרופּעס מיט דעם ציל, קומט אייך צוזאַמען צו פּלאַטעווען און צו בונטעווען, נישט קיינעם אונטערצוברענגען אָדער עפּעס חרוב מאַכן, נאָר צו בויען. רופט אַריין אין אייער סוד ישרים ועדה מענטשן מיט פּראַקטיק, אין חינוך, אין געפינען אַ געביידע, אין אויפשטעלן אַ שולע אָדער אפילו אַ געשעפט, אין פינאַנצן, אין אויפקלערן די עלטערן, אין צוגרייטן שריפטן אויף אויפצוקלערן דעם עולם און אין ענליכע אונטערנעמונגען. געניג און נאָך פּראָפעסיאָנאַלן וועלן אַוועקגעבן פון זייער פרייער צייט צו העלפן און אַז איר וועט אָנפרעגן ביי מנהלים אין גוטע שולעס, זיי זאָלן קומען רעדן צו אייך און מייעץ זיין וועט איר געפינען אָפענע טירן. געפינט אויך אַ תלמיד־חכם

מיט אַ שכל־הישר און דערפאַרונג אין שולע־ענינים מיט וועם זיך צו ראָטן און דורכצורעדן.

דערנאָך שאַפט אַ קאָמיטעט און טיילט איין די אויפגאַבעס צווישן די וואָס זענען גרייט דערין זיך אַריינצולייגן און גייט אַרויס און טוט. טוט וואָס איר קענט אָבער בלייבט נישט שטיין. די תוצאות זענען קיינמאָל נישט אַזוי פערפעקט ווי די מחשבות אָבער אַזוי גייט עס און דאָס איז נישט קיין סיבה אויף נישט צו טון. כֹּל אֲשֶׁר תִּמְצָא יָדְךָ לַעֲשׂוֹת בְּכֹחֲךָ עֲשֵׂה, און אַז איר זענט ערנסט וועט איר שוין זען ווי טירן מאַכן זיך פאַר אייך אויף.

די וואָס פאַרשטייען די נייטיגקייט און האָבן דעם ווילן צו טון וועלן זיך מוזן אָנגאַרטלען מיט קוראַזש. דעם קוראַזש צו זיין די נחשונים פון אַ באַוועגונג וואָס וועט אויפטרייסלען אונזערע געמיינדעס ביזן יסוד. דעם קוראַזש צו גיין קעגן שוואַרץ־זעער, ציניקער, לצים, קריטיקער, מחרימים, אוסרים און ערגער. דעם קוראַזש צו נעמען שריט ווייל זיי גלייבן אַליין דערין טראָץ דעם וואָס נאָנטע און באַליבטע געפעלט עס נישט. און דעם קוראַזש אַרויסצוגיין איבעררעדן עלטערן זיי זאָלן זיי נאָכקומען בבחינת "לכתך אחרי במדבר לא זרועה," ווייל נאָר אַזוי קען מען אָנקומען אל המנוחה ואל הנחלה. ועל־כולם וועט מען דאַרפן דעם קוראַזש פון די עלטערן איבערצוגעווינען זייערע אינערליכע ספקות און געטרויען זייער אייגענעם חוות־דעת צו נעמען זייער און זייערע קינדער'ס לעבן אין די אייגענע הענט.

דאָס איבעררעדן אַנדערע וועט זיין פון די שווערסטע זאַכן און בפרט אַז מען וועט שרייען דערקעגן. נאָר דברי חכמים בנחת נשמעים. דער רצון וועט טאָקע נישט זיין באַלד ביי אַלע און צו דעם וועט מען מוזן אויפקלערן פאַרן עולם אַז איכא דרכא אחרינא, אַנדערש איז מעגליך. די ברירה ליגט ביי זיי אין די הענט און די פליכט איז אויף זיי צו באַשאַפן און אויפצוהאַלטן דעם "אַנדערש". פאַר צווייפלערס וועט מען מוזן געבן צו פאַרשטיין אַז עס איז ביי דעם נישטאָ קיין שב ואל תעשה און קיין סטאַטוסקוואָ. עס איז דאָ תורה עם דרך־ארץ אָדער נישט תורה און נישט דרך־ארץ. עס איז דאָ ללמדו אומנות אָדער ללמדו ליסטות. אַזוי צי אַזוי זענען ביידע קום ועשה פון נעמען אַ אינגל און אים אַריינלייגן אין אַ סיסטעם. נאָר ביי איין סיסטעם איז מען נישט אינטערעסירט אין די עלטערן אויסער צוצונעמען ביי זיי די זין וואָס די עלטערן זענען מקריב, און ביי דער נייער סיסטעם גייען די עלטערן דערצו צו מיט שכל און מיט אַ חשבון.

פאַרדעם וועט דאָס גרינדן אַזוינע שולעס פאַרלאַנגען אַ באַוועגונג פאַרשטיין צו געבן פאַר עלטערן אַז בלויז דאָרט ליגט די צוקונפט פון זייערע קינדער. מיר רעדן דאָ פון עלעמענטאַר־שולעס ווען די קינדער זענען נאָך יונג און פריש, ווען דער חלום פון די עלטערן כלפי די קינדער איז נאָך בשלימות און איידער עס האָבן זיך געשאַפן ביי די קינדער אַזוי גערופענע "פּראָבלעמען". אין אַזאַ צושטאַנד איז פיל שווערער אויפצוקלערן עלטערן, אָבער דאָס איז אונזער אויפגאַבע און אונזער פאַרמעסט. איבערצוצייגן און איבערצוורעדן עלטערן אַז אויסבילדן קינדער איז נישט אַ מאָדערנע זאַך, נישט אַ לוקסוס, נישט אַ בדיעבד און נישט אַן אָפּציע ווען אַלעס אַנדערש טויג נישט. דאָס איז אַ חוב־קדוש וואָס יעדער טאַטע און מאַמע איז שולדיג און מחויב פאַר זיין און איר קינד. אַז איר האָט דאָס אינגל אַריינגעבערענגט אין דער וועלט איז אייער אחריות אים אויסצובילדן פונקט ווי אים צו פיטערן און קליידן. אייער אויסגעשפּראָכענע ליבשאַפט צו אייער אינגל איז נישטיג און באַשטייט פון ביליגע ווערטער אַז איר ווילט נישט אויך קלערן איבער זיין צוקונפט.

אויף עלטערן ליגט די פליכט זיך איינצושפּאַרן אַז מען זאָל לערנען מיט זייערע קינדער לימודי־קודש מיט שכל און פאַרשטאַנד לויט די פעאיגקייטן פון די קינדער ווי איידער די נישט־פעאיגקייטן פון דעם שטאַב. עס איז זייער אחריות און פליכט צו זייערע קינדער צו באַטראַכטן לימודי־חול ווי אַ

לכתחילה־שבלכתחילה און פונקט אַזוי וויכטיג ווי לימודי־קודש. און בלויז ווען זיי וועלן איינזען אַז די צוויי זענען נישט קאָנקורענטן און איינס איז נישט אַ שטיפקינד פונעם צווייטן וועלן זיך זאַכן אָנהייבן צו בייטן. און אַז איר גלייבט דערין און האַלט אויך אַזוי מוזט איר עס געבן פאַר אייערע זין באַלד מיט זייער ראשית־חכמה און תורה־צוה.

מיר דאַרפן גלייבן אַז אונזער ציל איז צום דערגרייכן. ווי הויך דער באַרג זאָל נישט זיין איז עס אַלץ נישט אַזוי הויך ווי עס זעט אויס, און אַז מיר נעמען זיך דערצו איז נישטאָ קיין שום סיבה פאַרוואָס מיר זאָלן עס נישט קענען דורכפירן. אָבער נעמען מוזן מיר זיך ווייל קיינער וועט אונז נישט קומען ראַטעווען פון אונז אַליין און בלויז מיר קענען און מוזן קומען צו אונזער אייגענער הילף. אַנאָנימע דעות אויף קאַווע־שטיבל, פאָסטן אויף פעיסבוק, וויראַלע וואַטסאַפ־"מעסעדזשעס" און אַרטיקלען אין דער נישט־היימישער פרעסע זענען אַלע פיין און וואויל, אָבער גאָרנישט וועט זיך בייטן סיידן אַז מיר זענען גרייט אָנצוכאַפּן די ציגל און בויען.

עס איז אָבער אַ ים־סוף דערפאַר ווייל מען וועט דערצו דאַרפן אַ גאַנצן קולטור־איבערטויש. אַ קולטור וואו עלטערן נעמען אַן אמת'ן אינטערעס אין זייערע קינדער אויף זיי אַוועקצושטעלן אויפן לעבן אַז יעדער איטליכער זאָל קענען דערגרייכן זיין פולן פּאָטענציאַל. אַ קולטור וואו מען לייגט נישט די קינדער אַרויף אויפן באָס און מען לאָזט זיי נישט איבער ביי די טויערן פון דער תלמוד־תורה אינדערפרי און מען פאַרגעסט אין זיי אויף ווי לאַנג עס איז נאָר מעגליך, נאָר וואו מען פאַראינטערעסירט זיך אין וואָס מען טוט מיט זיי במשך דעם טאָג און ווער און וואָס מען לערנט מיט זיי. אַ קולטור וואו עלטערן זענען זיך מקריב פאַר זייערע קינדער נישט מיט שאַבלאָנען פון "וואָס טוט מען נישט פאַר די קינדער", נאָר מהונם ומגרונם, זיך צו לאָזן קאָסטן און צו וועלן באַצאָלן פאַר דעם חינוך פון זייערע קינדער. ועל־כולם, אַ קולטור וואו עלטערן לאָזן זיך קאָסטן אפילו מיט זייער כלומר'שטער רעפּוטאַציע אויך. וואו דאָס בעסטע פאַרן קינד איז אפילו אויפן חשבון פון דעם וואָס מען וועט זאָגן אויפן טאַטן און אויף דער מאַמען.

עלטערן וואָס זענען זיך מוסר־נפש צו זיין די נחשונים פון אַזוינע מוסדות וועלן זיין מער גלייביג אין דער צוקונפט פון זייערע קינדער און מער איבערגעגעבן צו זייערע קינדער. מיט דעם פאַקט אַליין אַז זיי האָבן דאָרט איינגעשריבן זייער זון וועלן זיי האָבן געוויזן אַז זיי זענען גרייט זיך מקריב

זיין פאַר זייערע קינדער למעשה און פון זייער ווילן. און די פירות פון אַזוינע עלטערן וועלן באַלד זיין צו ווייזן און צו שטאָלצירן. די עלטערן וועלן צוקוקן ווי די מוחות פון זייערע קינדער מאַכן זיך אויף ווי קרוינבלעטעלעך אויף אַ ליליע און ווי זיי נעמען אָן פליגל ווי ביי אַ שלייערל און פליען. אין לימודי־קודש, אין לימודי־חול, אין וויסנשאַפט, אין קונסט, אין ספאָרט, וואו נאָר זיי וועלן אָנרירן וועלן די קינדער וואַרפן פאַרבן ווי פליענדיגע פלאַטערלעך.

בן חכם יְשַׂמַּח אב, און אַז מען וועט פראָדוצירן אינטעליגענטע קינדער וואָס זענען אויסגעשולט אין מילי דשמיא און אין מילי דעלמא גלייך וועט זיך קיינער נישט קענען פאַרמעסטן מיט אונזער נחת. קינדער וואָס ווייסן ווער גדעון און יפתח זענען געווען און צי אהוד איז געווען אַ גערעכטער אָדער אַ געלינקטער, ווער דאָס איז געווען נתן הנביא, און אַז מנשה איז געווען אַ זון פון חזקיהו המלך. קינדער וואָס מען לערנט מיט זיי משניות און גמרא כדי צו פאַרשטיין. נישט אויף סתם אָנצויאָגן הונדערטער משניות און צענדליגער בלעטער גמרא נאָר צו קענען אָפשרייבן וואָס זיי האָבן געלערנט און וויאַזוי זיי האָבן עס פאַרשטאַנען. די זעלבע קינדער וועלן אויך וויסן וואָס דאָס זענען מאָלעקולן און איזאָטאָפן, זיי וועלן זיין אויסגעשולט אין מולטיפליקאַציע־טאָוולען און אין פעריאָדישע טאָוולען און פאַרשטיין וויאַזוי מיט נומערן און פיזיק קען מען אָנקומען ביז דער לבנה און מאַרס און העכער. ווייל זיי וועלן אויך וויסן וואָס דאָס איז מאַרס.

זיי װעלן װיסן אַז די היסטאָריע האָט זיך נישט אָנגעהויבן מיטן ערשטן װעלטקריג נאָר עס זענען געװעזן מצריים און גריכן און רוימער, און אַז אַראַבער און כינעזער און אינקאַס האָבן אַלע עפּעס אויפגעטון אויף אונזער װעלט. זיי װעלן לערנען פון אַטמאָספערישן אָפּזעץ און פון קאַטאַבאַטישע װינטן, אַז די גרעניצן פון דער מדינה גייען היפּש װייטער װי דער "קאָנטרי" און אַז עס איז דאָ אַ װעלט חוץ אַמעריקע און ארץ־ישראל און ליזשענסק. און זיי װעלן פאַרשטיין אַז אַ מדינה דאַרף זיך פירן לויט געזעצן און אַז בירגער האָבן רעכטן, אַז מענטשן פון װאַנען זיי קומען נאָר האָבן אַן אחריות איינער צום צװייטן און אַז קיינער קען נישט אַרויסשטעלן דאָס מיסט פון זיין הויז, פאַרקלאַפּן די טיר און זאָגן שלום עלי נפשי.

אַזאַ נחת קען מען גאָרנישט שילדערן. רוב חסיד׳ישע עלטערן און בפרט טאַטעס װייסן בכלל נישט װאָס דאָס איז אָנצוזאַמלען פאַרשטאַנד און װיסנשאַפט אין משך פון די שולע־יאָרן. זיי האָבן קיינמאָל נישט דורכגעלעבט זיצן ביי אַ פאַרהער װאָס מען גרייט זיך דערצו חדשים לאַנג, שאלות װאָס װייזן אַרויס מחשבה און אַ פעאיגקייט צו געבן אַרגומענטן לכאן ולכאן, און ענטפערן װאָס מען שרייבט איבער אַ פּאָר שעה און אויף עטליכע זייטן פון אַ בויגן. זיי װייסן אויך נישט פון דער שמחה װאָס קומט נאָך ערליך פאַרדינען צייכנס ביי אַזוינע עקזאַמען. נישט נאָר האָבן די טאַטעס דאָס נישט מיטגעלעבט נאָר זיי האָבן עס אויך ביז היינט נישט געזען ביי זייערע זין, איז שטעלט אייך פאָר װי גרויס װעט זיין זייער פאַרגעניגן װען זיי באַקומען שולע־באַריכטן מיט פרטים װיאַזוי זייערע קינדער שטייגן אין איטליכן לימוד און װי זייער נחת װעט איבערפליסן װען די צייכנס קומען אָן אין ערנסטע און אַנערקענטע לימודים. עס מעג זיין אַ פּאָר פרקים אין נ"ך, דקדוק אין לה"ק, משניות אָדער גמרא מיט אַ טיפן פאַרשטאַנד אָדער פיזיק, ביאָלאָגיע און אַ רייע אַנדערע לימודים װאָס ברענגען אַרויס דעם פולן פּאָטענציאַל פון דעם תלמיד. יום־טוב אין דער װאָכן װעט באַקומען אַ גאַנץ נייעם פשט. אל הנער הזה התפללתי װעט מען נישט קרעכצן, נאָר טאַנצן.

די עלטערן װאָס זענען אַליין קענערס װעלן זיך מחיה זיין און זיך טשאַטשקען מיט זייערע זין צו הערן זייער מיינונג, זיך דינגען מיט זיי איבער זייערע דעות, אָנפרעגן ביי זייערע קינדער די ידיעות װאָס די עלטערן האָבן אַליין נישט קונה געװען, װי אויך זיך טיילן מיט די קינדער אין די עלטערנ׳ס

ידיעות, ווי דער פסוק זאָגט, "והשיב לב אבות על בנים ולב בנים על אבותם". און די עלטערן וואָס זענען נישט־קענערס וועלן האָבן די פרייד און דעם תענוג אַז דאָס וואָס מען האָט זיי פאַרלייקנט גייט נישט ווייטער צו זייערע קינדער. זיי וועלן שטאָלצירן אַז דורך זייער פאַרשטאַנד אַז דאָס אַמאָליגע האָט נישט געטאָרט ווייטער אָנגיין און מיט זייער מסירת־נפש אַליין צו נעמען די ברירה הא גופא האָט געראַטעוועט זייערע קינדער און קינד'ס־קינדער.

פאַרדעם איז ביי מיר נישט קיין ספק אַז מיר קענען און וועלן איבעררעדן דעם עולם. מיר רעדן דברים של טעם און וואָס איז אויסגעהאַלטן ע"פ תורה, חז"ל און דעם סדר־העולם. כן עשו חכמינו און די גאַנצע קונץ פון אויפציען קינדער אַלס עם־הארצים גמורים איז נישט דרך ישראל סבא נאָר באַבע־מעשיות וואָס מען האָט לעצטנס אויסגעטראַכט.

קוקט אויף אונזערע פסוקים פון ושננתם לבניך ביז חנוך לנער על פי דרכו, קוקט אויף ר' יהושע בן גמלא וואָס האָט מתקן געווען עס זאָלן זיין מלמדי תנוקות אין יעדער שטאָט, לערנט די גמרא אַז דער וואָס לערנט נישט אויס פאַר זיין זון אַ פאַך איז ווי ער לערנט אים אויס רויבעריי און גייט דערנאָך קוקן ווי מען רויבט פון דער שטאָט, פון דעם שטאָט און פון דער פעדעראַלער רעגירונג און זאָגט צי נישט דאָס האָט געמיינט די גמרא. מפי עוללים ויונקים יסדת עוז און די פעסטקייט איז צו קענען שפּראַכן ווי דער סנהדרין און מרדכי הצדיק, קענען מעדיצין אָדער די שפּראַך פון דער מדינה ווי דער רמב"ם, אַסטראָנאָמיע ווי דער אמורא שמואל און ווי הלל הקטן וואָס האָט מסדר געווען דעם לוח, קענען וועלט־ליטעראַטור ווי ר' יעקב קאַמינעצקי, און קענען לערנען תורה ווי זיי אַלע. און די עלטערן וועלן זיך האָבן געלערנט פון דעם חתם סופר וואָס האָט געדונגען לערערס אויסצולערנען זיינע קינדער געהעריג צו שרייבן און זיי האָבן אַלע טאַקע געקענט אַ פליסיג דייטש.

נאָר וויבאַלד דאָס וועט נישט קומען פון די אדמו"רים און רבנים מוז עס קומען פון שרייבער, רעדנער, בלאָגערס, זינגער און שפילער. דער פרישער דור הערט זיי אויס פיל מער ווי די גדולים און צדיקים וואָס דערשיינען ווי פאַיאַצן אויף תפלת השל"ה צעטלעך, ממילא זאָלן זיי רעדן פאַרן דור. איך פרעג די זינגער: איר ברענגט אַ רעוואָלוציע אין דער מוזיק, אין טאַנצן, צו "ליריקס", צו "ביטס" און ריטעם, איז אפשר שוין צייט אויך צו טון עפעס

תכלית׳דיג. מיכאל, דו זינגסט וועגן קינדער וואָס קיינער וויל זיי נישט אָנקוקן, יעדער הערט דיינע וואָטסאַפּ־דרשות איבער בחורים אָן ישיבות, איז אפשר גיי מיט איין טריט ווייטער. פאַרוואָס זאָל מען וואַרטן ביז ווען די ישיבות שפּייען זיי אויס? לאָמיר שוין אָנהייבן ביי דער עלעמענטאַר־שולע און זיי געבן פון יונגווייז אָן די יסודות פאַרן לעבן. מאָטי, ווער דו אַן איש־דברים ווייל וויאַזוי איז מעגליך צו דערגרייכן דעם פולן פּאָטענציאַל אַז מען האָט נישט די וויסנשאַפט דערצו? ביי זעכצן איז שוין צו שפּעט צו וויינען און פאַר אַ סך אפילו ביי דרייצן אויך. קלער אויף דעם עולם אַז אויפציען קינדער צו גאָט און צו לייט איז נישט קיין בושה. זיי אויסלערנען רעדן און שרייבן געהעריג אויף אידיש, אויף ענגליש און אויף לה״ק איז צו שטאָלצירן, נישט זיך פאַרענטפערן.

איך וועל מיך נישט מאַכן תמ׳עוואַטע און איך פאַרשטיי גוט אַז אַ גרויסער פאַקטאָר וואָס איז קובע די סאָרטן שולעס, ישיבות און סעמינאַרן וואָס מען קלויבט אויס פאַר די קינדער איז שידוכים. ממילא קען איך נישט אָרנטליך אַראָפּלייגן די פאַרמעסטונגען אָן צו דעם צו שטייער צו געבן. די זאָרג פאַר עלטערן וועט זיין אַז מיטן אַריינגעבן אינגלעך אין אַזאַ שולע וועט מען באַצייכנט ווערן ווי ״מאָדערן״, ״מאָדנע״, ״אַן אויבער־חכם״ און ווער ווייסט צי נישט ״משוגע״. אַזוי גייט עס ביי אונז פאַר איינעם וואָס טרעט אַרויס פון דער ריי און אַז מיר קומען אויף מיט עפּעס פריש און איבערהויפּט מיט אַזאַ פונדאַמענטאַלן ענין ווי שולעס וועלן די טיטלען אוודאי זיך מערן כפל־כפלים.

איך וועל מודה זיין אַז איך האָב נישט דערצו קיין גאַנצע לייזונג. איך קען נישט זאָגן אַז עס וועט נישט שאַטן צו שידוכים און עס זענען געוויס דאָ אַזוינע וואָס וועלן זיך נישט וועלן משדך זיין מיט די וואָס שרייבן איין זייערע זין אין אַזאַ תלמוד־תורה. נאָר וואָס דען? אַ סך פון די עלטערן וואָס איך האָב אויבן געשילדערט וועלן דער סאָרט סייווי נישט נעמען. ווייטער מצדכם פאַרוואָס זאָלט איר דען וועלן אַזוינע וואָס זאָגן זיך אָפּ פון אַ בחור צי אַ מיידל אויף דעם חשבון? פאַר נישט לאַנג האָט אַ באַבע דערציילט פאַר מיין פרוי אַז זי האָט געראָטן איר אייניקל וואָס איז אַ כלה צו גיין שטודירן ווייל איר חתן איז אַ ״פאַרכניאָקטער שמויגער״ און ער וועט נישט זיין אַ בעלן צו ברענגען פרנסה. איז האָט איר שוין דאָס גליק פון אַ היימישן שידוך און וויפל מיר שאַצן באמת אָפּ אונזער יוגנט.

אויסער דעם, אַז איר האָט אַ אינגל וואָס הייבט אַצינד אָן חדר, וואָס איז דען דאָ זיך צו זאָרגן? אַז אין יאָרן אַרום וועט ער נישט קענען אַ חתן ווערן? עס איז נאַריש ווייל ביז דעמאָלט קען די סיסטעם אַליין זיך ענדערן. היינט זאָגט מען נישט אָפּ קיין שידוכים צוליב די סיבות וואָס מען האָט אָפּגעזאָגט מיט צוואָנציג יאָר צוריק און אין פופצן יאָר אַרום וועט מען נישט אָפּזאָגן צוליב די סיבות וואָס היינט. נאָך מער, אַז אונזער סיסטעם וועט עושה־פרי זיין וועט מען זיך כאַפּן אויף בחורים וואָס קענען שרייבן געהעריג אַ בריוו, קענען לערנען תורה און אויך רעכענען, און קענען שמועסן עפּעס אַנדערש ווי רבי'שע פּאָליטיק און דער בעסטער "דיל" אויף צו דינגען אַ קאַר.

איך נעם אויך אוודאי אין באַטראַכט די דריקונגען פון עלטערן און שווער־און־שוויגער נאָר זיי וועלן זיך מוזן צוגעוווינען. אין אַ סך פעלער האָבן זיי אַזוי אויך טענות אויף קליידונג און פאַרבן וכדומה. צי קרימען זיי נישט מיט דער נאָז אויף זיין זשאַקעט און איר "טי־שירט"? איז איבער אַלעס מעג מען זיי זאָגן, זייט מוחל, "איטס מיי לייף", נאָר אויף די קינדער, כלומר אויף זייערע אייניקלעך, לאָזט מען זיי האָבן אַ וועטאָ?

די זענען אָבער פּריוואַטע חשבונות וואָס מען קען אַזוי צי אַזוי פאַרענטפערן. מען דאַרף אָבער נאָך אַמאָל איבער'חזר'ן אַז כדי דאָס צו פּרעזענטירן פאַרן ציבור אַז עס זאָל אָנגענומען ווערן וועט זיין אַ קריעת־ים־סוף פון אַ רוישנדיגן ים. איך זאָג דאָס נישט קיינעם אָפּצושרעקן נאָר ווייל מיר דאַרפן וויסן און פאַרשטיין אונזערע פאַרמעסטונגען. עס וועט זיין רוישנדיג

דערפֿאַר ווייל אָן קיין שום ספק וועט דער עסטאַבלישמענט שעלטן און לעסטערן, שימפֿערן און זידלען. און זיי וועלן קומען באַוואָפּנט מיט פסוקים און מדרשים, מאמרי חז"ל און סיפורי־צדיקים, רבי'ס און רביצינס, גדולים און באַבאַס, הימלישע מענטשן און קדושים אשר בארץ. אַז זיי שפּירן אַז זיי פֿאַרלירן די קינדער און אויך די מוחות און הערצער פֿון די עלטערן וועלן זיי אַרויס מיט חרמות און רדיפות און אַלע גוטע זאַכן אין וואָס זיי זענען באַהאַוונט פֿון זייערע אינערליכע מחלוקת'ן. גאָרנישט וועט ביי זיי זיין צופֿיל און אָפּטיילן צרות אפילו פֿאַר די קינדער אַליין וועט ביי זיי זיין אַ מצות־עשה. ווי דער מדרש זאָגט ביי קריעת־ים־סוף, אויף והמים להם חומה, חֵמָה כתיב.

קעגן דעם איז אָבער דאָ אַן אַנדער פסוק: מענה רך ישיב חֵמָה, אַ ווייכער ענטפֿער קערט צוריק אַ גרימצאָרן. דער ים וועט זיך אויך פֿאַר אונז שפּאַלטן און די אידישע קינדער וועלן אַריבערגיין. אין דעם האָב איך קיין ספק נישט. מחוץ תשכל חרב ומחדרים אימה, די גאַס שלעפּט פֿון אונז אַוועק די שענסטע און די בעסטע און אין חדר איז אַ שרעק. דער סטאַטוסקוואָ איז צעקרישלט און צעבראָכן אויף שברי־שברים און עס איז פּשוט נישטאָ קיין אַנדערע ברירה. און ווען דער ים וועט זיך שפּאַלטן און אַנדערע קומען אַריין וועט מען זיך וואונדערן וויאַזוי דאָס היינטיגע האָט געקענט בכלל עקזיסטירן. און אַביסל שפּעטער וועט מען זאָגן אַז אַזוי איז אַלץ געווען מקדמת דנא. פּונקט ווי קיינעם וועט היינט נישט איינפֿאַלן צו שליסן מיידל־שולעס וואָס זענען געווען אַ חידוש אין די ערשטע טעג ווען מען האָט זיי געגרינדעט און די גדולים האָבן זיך אַרויפֿגעכאַפּט ערשט נאָך דעם וואָס דער וואָגן האָט זיך שוין געריכט, וועט דאָ אויך אַזוי זיין. אַז די פּירות וועלן שפּראָצן וועלן די שוין געגרינדעטע מוסדות אונז מוזן נאָכמאַכן אָדער זיך שליסן ווייל קיינער וועט מער נישט פֿאַרשטיין דעם שכל און לאָגיק פֿון אויפֿציען קינדער אויף טיפּשות און ליסטות.

לאָמיר געבן אַ טראַכט וואָס מיר רעדן דאָ און ווי נישט־ראַדיקאַל זענען אונזערע הצעות. מען וועט ווייטער לערנען חומש מיט רש"י און אַנדערע מפרשים, מען וועט לערנען משניות און מען וועט לערנען גמרא און די קינדער וועלן ווייטער זיין על־פי רוב פֿון אונזערע געגנטער און פֿון שטיבער וואָס זענען פֿאַראינטערעסירט און רעדן אידיש. נאָר וואָס דען? מיר זענען מציע אַ שטאַב מיט באַהאַוונטע מלמדים אויף לימודי־קודש און געהעריגע לימודי־קודש און לימודי־חול־פּראָגראַמען. אַז די קינדער ווילן לערנען מער

משניות און גמרא זאָגן מיר, מי יתן והיה. נאָר יעדער קינד לויט זיינע מושגים און לויט וויפל ער קען פאַרשטיין און פאַרטראָגן. מיר זענען נישט וויניגער חסידים ווי אַ צווייטער, נאָר פאַרקערט, מיר זענען שטאָלצע חסידים. ביי אונז איז חסידים נישט אַ ביינאָמען פאַר הינטערשטעליגקייט און איגנאָראַנץ נאָר אַ פּאָטענציאַל אויף איינצונעמען די וועלט.

"איזהו חכם הלומד מכל אדם" און ווי חסידים קענען מיר זיך לערנען פון אונז אַליין וויאַזוי זיך אויפצובויען און בליען. מיר דאַרפן אַריינגראָבן אין אונזער חסיד'ישן קוראַזש און עזות־דקדושה און דאָס אויסנוצן. ביי אונז אַליין קענען מיר זיך לערנען וויאַזוי מען איז מצליח, מיט טאָטאַלער איבערגעגעבנקייט, מיט אמונה־שלמה אין די צילן, אָנע ספקות און מיט אַ פאַראייניגונג בגוף־ונפש. דער חסיד'ישער ברען איז ביי אונז חלילה נישט פאַרלאָשן און בלויז מיר ווייסן וויאַזוי מען איז מקיים בשלימות לא תגורו מפני איש. אונזער עולם איז טאַקע אַ מבין צו דערקענען דעם אונטערשייד צווישן אַן אש־קודש און אַן אש־זרה, און מיר ווען זיי איבערצייגן מיט אונזער ערנסטקייט און התלהבות. מיר ווערן דערמוטיגט און אינספירירט פון די וואָס האָבן אַוועקגעשטעלט אַ יש־מאין פון טויזנטער מוסדות און די פירות פון הונדערטער טויזנטער קינדער. אָבער מיר פרעגן זיך צי זייער צייט האָט זיך נישט אויסגעלאָזט. די אָ מוסדות האָבן געגרינדעט אונזערע זיידעס אין אינגאַנצן אַנדערע אומשטענדן, און כדי מיר זאָלן האָבן אַ קיום פאַרלאַנגט זיך אַ פרישע רעוואָלוציע.

וואָס איך לייג דאָ אַראָפּ איז נישט קיין ווּיסטער חלום - עס ליגט ביי אונז אין די הענט. מיר קענען און וועלן אין אונזער רעוואָלוציע איינשפּאַנען אונזער קאָלאָסאַלע ענערגיע וואָס גייט יעצט לאיבוד אויף נאַרישע שאלות, אויסגעטראַכטע איסורים, פּוסטע מחלוקת'ן, הוליען אויף קברים און אויפגראָבן פרישע סגולות. דווקא מיר זענען צוגעגרייט אויף דער רעוואָלוציע ווייל מיר גלייבן אין אונזערע קינדער און ווילן באמת לייזן זייער פולן פּאָטענציאַל. דווקא מיר געטרויען זיי צו אַנטוויקלען זייער שכל און פעאיגקייטן ווי איידער זיי צו באַהאַנדלען ווי שוטים כל ימיהם. מיר גלייבן אויך אַז די תורה איז כי חיים הם למוצאיהם און דערפאַר קען עס זיך פאַרטראָגן און ווערן באַרייכערט פון אַנדערע וויסנשאַפטן.

דברי תורה צריכין חיזוק און מיר האָבן אָן קיין ספק די שטאַרקייט דאָס דורכצופירן. מיר דאַרפן נאָר דעם רצון דערצו ואין לך דבר העומד בפני הרצון.

עשה למען תינוקות של בית רבן. דאָס איז טייטש **טון** - און פאַר **זיי**. נישט וויינען און דאַוועגען פאַר זיי נאָר זיך אָפּשאָקלען ווען עס קומט צו תכלית. און נישט טון וואָס איז פאַסיג פאַר זיך און זיך נישט רעכענען מיט זיי. טו פאַר זיי. און אַז מען רעדט פון טון איז עת לעשות לה' הפרו תורתיך און כל־שכן ווען מיר ווילן באַפעסטיגן די תורה. וואָס מיר זאָגן איז אינגאַנצן באַזירט אויף תורה, שנוי במשנה ובגמרא ומשולש במסורה. מיר דאַרפן זיך פאַר קיינעם נישט פאַרענטפערן פאַר אַ רוף צוריק אַריינצולייגן דעם חכם ונבון אינעם עם.

עשה למען תינוקות של בית רבן מיינט טאַקע דאָס. פאַר זיי און בלויז פאַר זיי. "חנוך לנער על פי דרכו" און מיר מוזן דאָס טון פאַר זייער הייגט, פאַר זייער מאָרגן און פאַר אונזער צוקונפט. אַז איר גלייבט כי הם חיינו ואורך ימינו און אַז איר ווילט אַז לא ימושו מפיך ומפי זרעך ומפי זרע זרעך מעתה ועד עולם איז בלויז דאָס די עצה.

*

כִּי הַמִּצְוָה הַזֹּאת אֲשֶׁר אָנֹכִי מְצַוְּךָ הַיּוֹם לֹא נִפְלֵאת הִוא מִמְּךָ וְלֹא רְחֹקָה הִוא. לֹא בַשָּׁמַיִם הִוא לֵאמֹר מִי יַעֲלֶה לָּנוּ הַשָּׁמַיְמָה וְיִקָּחֶהָ לָּנוּ וְיַשְׁמִעֵנוּ אֹתָהּ וְנַעֲשֶׂנָּה. וְלֹא מֵעֵבֶר לַיָּם הִוא לֵאמֹר מִי יַעֲבָר לָנוּ אֶל עֵבֶר הַיָּם וְיִקָּחֶהָ לָּנוּ וְיַשְׁמִעֵנוּ אֹתָהּ וְנַעֲשֶׂנָּה. כִּי קָרוֹב אֵלֶיךָ הַדָּבָר מְאֹד בְּפִיךָ וּבִלְבָבְךָ לַעֲשֹׂתוֹ. (דברים ל יא-יד)

דער באַפעל וואָס איך באַפעל דיר היינט איז נישט פאַרהוילן פון דיר און עס איז נישט ווייט. עס איז נישט אין הימל אויף צו זאָגן ווער וועט פאַר אונז אַרויפגיין אין הימל און עס נעמען פאַר אונז און אונז לאָזן הערן אַז מיר זאָלן עס קענען טון. עס איז אויך נישט אויף יענער זייט ים אויף צו זאָגן ווער וועט פאַר אונז אַריבער דעם ים און עס נעמען פאַר אונז און אונז לאָזן הערן אַז מיר זאָלן עס קענען טון. ווייל די זאַך איז גאָר נאָענט צו דיר אין דיין מויל און אין דיין האַרץ עס צו טון.

איך האב ♥ לערנען

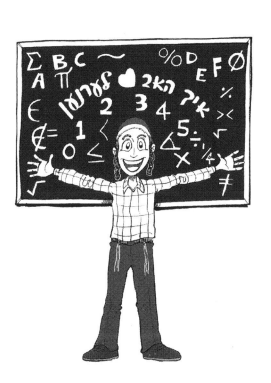

הנצחות

החפץ בעילום שמו

שנדב סכום הגון

With Gratitude

Just a small token of appreciation.
A tiny hint of my admiration.
A well deserved boost, to very
noble a cause.
As a pioneer and trailblazer, you
deserve the highest of honors. And
yes, I want to have a part in all the
good you did;
all the smiles you caused; many a
soul elated and a life changed.
Your arduous work; our glimmer
of hope!

החפץ בעילום שמו

מאַקס דירנפעלד

אייוועלט לייענער

אייב ערנפעלד

באַרי ר.

הגם שאין ברגילותי ליתון הסכמות וגם כי מחמת קוצר הזמן וריבוי המלאכה ועוד כמה סיבות אין בידי לעיין בספר הזה אבל חזקה על חבר שאין מוציא מתחת ידו דבר שאינו מתוקן ועוד כי ראה ראיתי כמה וכמה צורבא מרבנן גדולים וטובים ממנו שהשתתפו בהוצאות הדפוס וכולם בסגנון אחד ענו ואמרו שדבר זה יקר המציאות הוא ויש בזה הרבה לרבות כבוד שמים לתקן עולם במלכות שד"י אשר ע"כ ישתתף גם אני בדבר של ממש כי בשלשים ושתים נתיבות פליאות חכמה חקק יהו"ה צבאות את עולמו והרי מצווים ועומדים אנו ללכת בדרכיו ובזה ברכתי שטוחה לכל המשתתפים שהקב"ה ימשיך לכם ברכה והצלחה ותשרה שכינה בכל מעשה ידיכם ונזכה לייחד שם י"ה בו"ה ביחודא שלים בגאולה פרטית וכללית במהרה דידן.

זעירא דמן חבריא הקטן והשפל, **בעל דברים** (קאַווע שטיבל)

• באָראָ פּאַרק •

ענגלישער לערער -

יישר כח. אַלץ אַן ענגלישער לערער (בעבי סיטער) אין אַ היימישן חיידר ווייס איך דעם אמת וואס טוט זיך און ווי וויכטיג מען דאַרף וואָס שנעלער מתקן זיין דער לימודי חול סיסטעם אַז אונזערע קינדער זאָלן האָבן אַן עתיד. חזקו ואמצו! איך וואָלט געגעבן מער ווען איך באַקום ווען באַצאָלט נאָרמאַל אָדער לכה"פ אין צייט וד"ל.

• ווילִיאַמסבורג •

החפץ בעילום שמו

רב בוו"ב - לדאבוני קען איך נישט רעדן ברבים וועגן דעם ענין, כאטש לאמיך צולייגן א פלייצע צו דעם חשוב'ן קונטרס. והוא רחום יכפר עוון.

• סטעטן איילענד, נ.י. •

גמליאל בן פדהצור - קיין נחשון בין איך נישט, אבער כאטש אביסל מאראלע סאפפארט מוז איך געבן.

• קרית יואל •

חיים

יואל לאַנדאָו

יהושע בן גמלא -

תעלה ארוכה - יורה למבוכה

ניתי ספר - ויגלה אפר

קרב מצדיקי - לנגוע במשיחי

לענות לאויל - מלמד להועיל

דבר דבור - ויכוח בבירור

סיני ועוקר - פוקד וסוקר

רואה וחוקר - כדרבונות דוקר.

• לאָנדאָן •

החפץ בעילום שמו

• די בכל אתר ואתר •

דער גאָלדענער אָדלער

יוסף גראָס

החפץ בעילום שמו - חזק ואמץ ועי"ז יושפע שפע רב בכל העולמות...

החפץ בעילום שמו - איך גלייב נישט אז עס וועט העלפן. אבער אז די בנים וואקסן אונטער און עס ציפט ביים הארץ כאפט מען זיך אויף שטרוי. לך בכחך זה והושעת את ישראל. ממרום שלח אש.

החפץ בעילום שמו

החפץ בעילום שמו

החפצה בעילום שמה

החפץ בעילום שמו

החפץ בעילום שמו

החפץ בעילום שמו

החפץ בעילום שמו

שלמה ווייסמאַן - איך וויל אויך די זכות צו האבן א טייל בדבר מצוה.

אשר כ"ץ

נחום כ"ץ

לאַנגיעריגער ליינער - אבי מ'רעדט דערפון. ווי קען דען אזא מיינונג געהערט ווערן? אין דער איד? אין דער בלאט? מ'לאזט דאך אונז נישט רעדן. וואלט שמעון ראלניצקי געלאזט דרוקן די אנדערע זייט פון דער מטבע אין זיין מאַגאַזין?

פלוני אלמוני

יואל שוואַרץ - לע"נ רבינו הקוה"ט יואל בן רבי חנניה יו"ט ליפא זי"ע

חיים שטערן - איך האף אז פאר מיינע קינדער ערווארט א בעסערע צוקונפט.

Yoinah Kohen - I have always said that I am for the education of our children...

Basya Kohlman - To keep you going!

Freida Vizel - Beautiful work.

לאָמיר צוזאַמען

לערנען

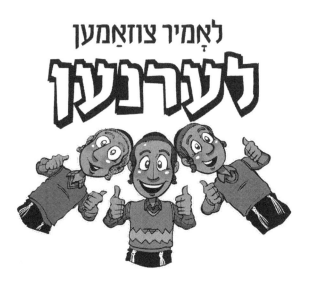